滄海叢刊

海峽兩岸社會之比較

蔡 文 輝 著

1988

東大圖書公司印行

© 海峽兩岸社會之比較

作者　蔡文輝
發行人　劉仲文
出版者　東大圖書股份有限公司
總經銷　三民書局股份有限公司
印刷所　東大圖書股份有限公司
地址／臺北市重慶南路一段六十一號二樓
郵撥／〇一〇七一七五一〇號
初版　中華民國七十七年八月
編號　E 54065①
基本定價　肆元肆角肆分
行政院新聞局登記證局版臺業字第〇一九七號

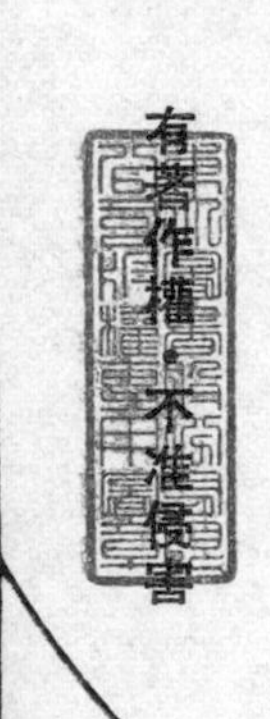

序　言

這本集裏收集的論文大約是我在一九八〇年以後陸續撰寫有關中國大陸與臺灣社會各方面的文章，這些文章大多數是發表在美國出版的中文報紙與雜誌上，也有少數二、三篇曾發表在國內報章雜誌上。把它們一齊蒐集在這裏是希望能介紹給國內的讀者們。

近幾年來，臺灣學術界與政府皆常以臺灣地區之經濟成長與中共比較而自豪。事實上，中華民國在臺灣地區之經濟奇蹟已是有目共睹的事實，倒是在比較海峽兩岸社會結構上尚少有人費心做研究。這本集子是希望能抛磚引玉，提高大家對海峽兩岸非經濟層面的比較。

臺灣是我出生的故鄉，也是我受教育的地方，因此我最為關懷。我對臺灣社會的研究一直沒放鬆過。中國大陸我曾經有機會實地去觀察過，也曾經跟大陸社會學界討論過學問。對大陸的研究因此並不至於隔靴抓癢。

每篇論文撰寫時皆曾受過不少朋友的幫忙與批評，是要謝謝大家的。希望這本論文集的出版能顯現出這些朋友們的熱忱，也希望能滿足他們的期待。

序於美國印州韋恩堡，1987

目　次

序　言

派深思理論與中國社會

——兼論「社會學中國化」問題

一、前　言

在二十世紀的當代社會學發展史上，美國社會學家派深思（Talcott Parsons）的個人生涯與其所發展的功能理論具有相當重要的份量。從1930年代中葉一直到1970年代初期，派深思理論與其所代表的派深思學派獨霸美國社會學，並領導世界社會學。

派深思理論的主要色彩是保守性的整合觀點。派深思理論之盛行正是美國國勢最強的時期，國泰民安，外無戰事，內無失業或嚴重犯罪問題。派深思理論正符合當時美國人自豪自傲的心態，以美國爲第一，以美國爲世界之理想社會。

雖然如此，派深思理論自有其長處，尤其在用之於中國傳統社會之整合上，有其足以借鏡之處。本文的目的是以派深思理論介紹爲出發點，詳細描述派深思理論，進而討論派深思理論在中國社會結構的應用上。最後則涉及筆者個人對「社會學中國化」的看法。

派深思理論、中國社會學、「社會學中國化」三者之關聯是本文的重點，筆者的立場是「社會學中國化」並不在理論的中國化，而是社會學工作的中國化。

二、派深思理論架構

(一) 行動論與社會體系

派深思理論是建立在行動參考架構上，因爲行動發生於文化和物理環境內，是個人爲獲取某種目的而發動的行爲。派深思認爲行動論的主要架構包括：

1. 行動者是一個個人。
2. 行動者行動的目的是爭取某種目標。
3. 行動者爲了爭取其目的，必擁有數種可採用的工具和手段。
4. 行動者在爭取其目的之過程裏會遭遇到不同的狀態或情境條件。
5. 行動者是受價值，規範及思想所影響。

換言之，派深思相信，行動者之所以行動乃是有目的的，但是行動者在獲得其所尋求的目的之前，許多因素，狀態都可能插入其間而影響其後果：某些因素有助於目的之取得，而某些因素則可能阻礙行動者目的之獲取。他稱前者爲工具 (means)，後者爲條件 (conditions)。不僅如此，工具之選擇使用與困難條件之克服都必須在社會規範準則之範圍內操作。社會體系實際上就是由一羣在上述狀況裏動作的人所組合成的。以圖來表示，派深思的理論架構則如下：

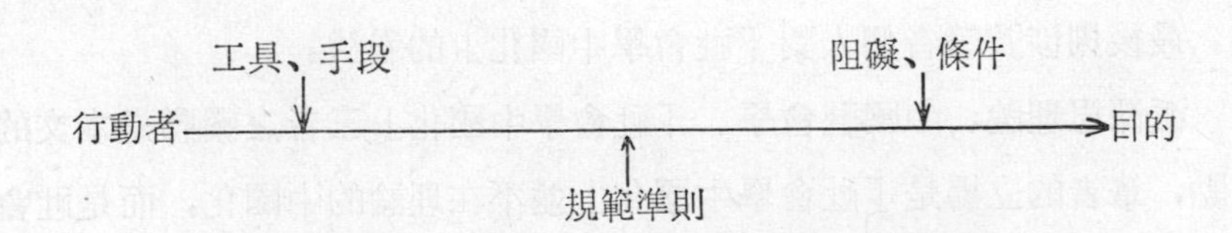

派深思的行動論因而認定行動必會牽涉到規範準則和阻礙條件兩者之間的衝突。他表示：把行動視爲一個過程，那麼行動則是一個在規範準則允許的範圍裏，把阻礙條件加以克服的過程。派深思認爲：「行動的概念架構牽涉到一個或更多的行動者對一個已含他人的狀態之取向。這架構強調關係（relational）。它分析『由行動單位及其狀態之間的關係所構成的體系之結構與過程』。」(1949)

派深思更進一步指出，行動不能單獨操作運用，它是整個社會行動的一環。下圖代表着派深思理論中一個簡單的社會體系。在這社會體系裏，自我（ego）和他人（alter）代表着兩個行動者。自我與他人之間的互動乃形成了一個社會體系。這種互動主要是角色之間的互動。而這種互動又受自我與他人二者各自的情境狀態之影響。

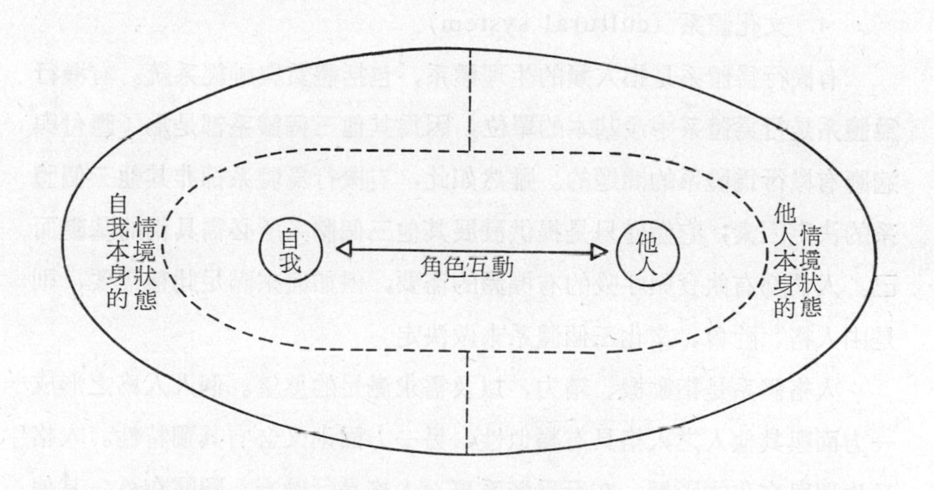

行動論雖然是派深思理論的主要參考架構，但是我們如果要眞正了解派深思對社會學的貢獻，則必須涉及他對行動體系裏四個副屬體系的討論，以及社會體系在整個行動體系裏所擔負的功能。事實上，這才是派深思理論精華之所在。他認爲社會體系理論是整個行動理論的一個

不可分割的部份。他也表示：我們不可能從理論上談社會體系的結構，而不談及文化模式的制度化，特別是其價值取向。(1951)

行動並非能單獨產生和操作，而係整個社會行動的一環。行動是有組織的。行動的研究也因此必需兼顧其他相關的因素。早期派深思在1951年出版的「社會體系」(*The Social System*) 一書裏只提到三種相關體系：人格體系、文化體系、和社會體系。直到後來，他才增加了一個有機行爲體系。換言之；派深思的行動體系包括四類相互關聯的體系：

1. 有機行爲 (behavioral organism)
2. 人格體系 (personality system)
3. 社會體系 (social system)
4. 文化體系 (cultural system)

有機行爲體系是指人類的生理體系，包括體質與神經系統。有機行爲體系是行爲體系中最基本的單位，因爲其他三個體系都是爲了應付與適應有機行爲體系的問題的。雖然如此，有機行爲體系卻非其他三個體系的決定因素；它僅僅只是提供發展其他三個體系所必需具備的基礎而已。人們都有飲食與呼吸的有機體的需要，但如何來滿足此種需要，則是由人格、社會、文化三個體系來做決定。

人格體系是指動機、精力，以及需求滿足的慾望。個人人格之形成一方面與其他人之人格具有類似性，另一方面則又含有其獨特性。人格受生理與文化的影響，在行爲體系裏，人格是行動者，顯露在外；其他體系只是在幕後影響而已。

社會體系包括角色、模式規範、團體性等結構。社會體系是指社會互動的過程。社會體系的運行需要某種程度的整合與穩定性，以避免或減少衝突與解組。派深思指出社會互動並不是人與人之間的互動，而是角色與角色之間的互動。一個人通常擔當數種不同的角色。

文化體系是指行動裏經由學習而得來的部份。派深思指出文化不是單一個人可能創造出來的，它是經過數代長期的發展和多數人的使用而產生的。文化是經由進化過程滋長的。語言是文化體系裏最主要的特徵。雖然人類的語言能力是由有機體所創造的，但社會間所使用的不同語言與其他形象符號體系則是文化的產品。派深思曾說：「一個社會體系如果沒有語言或沒有其他文化模式是不可能存在的。」(1951)

如果以圖來表示，派深思的行爲體系如下圖包括：

有機行爲體系	人 格 體 系
社 會 體 系	文 化 體 系

在此，我們必須再此強調上述四種體系的構成要素並非是各自獨立或互不相干的。事實上，它們是緊緊相關聯的。派深思在 1966 年出版的「社會：進化與比較觀點」(Societies: Evolutionary and Comparative Perspectives) 中曾將各體系間的關係詳加解釋。

個人是個有機體，具有人格，同時也是社會和文化體系的參與者。派深思說：「由心理學的觀點把社會體系看成僅僅是人格功能的結果，很明顯的是不適當的，因爲他忽略了行動的組織。……但是，如果我們像一般人類學家把社會體系看成僅僅是文化模式的具體(embodiments)，對社會體系論來說，同樣是不可能存在的。」(1951)

派深思把人格看做是有機體系的產品，它從有機體得到動機的能力、思考的能力、做事和反應的能力，以及學習的能力，而人格將此類有機體質加以運用而產生動機，用以導引有機體，因此人格在派深思的理論裏是爲獲取目的之動機的激發單位。

派深思認爲人格是由家庭的社會化過程而發展成的。人格體系對社會體系的最主要功能是提供一羣足夠數量的已社會化了的個人。如果沒有已社會化了的人們，社會行動是不可能產生的，因爲沒有已社會化了的個人就沒有派深思理論裏有動機的行動者，而且也只有那些社會化了的個人才能在行動體系裏按照社會規範來利用手段與工具，並排除障礙條件而獲取目的。

人格的社會化主要在於角色的扮演，同時也訓練個人對角色期望的了解。適當的扮演角色和正確的角色期望是社會互動過程中的二個重要條件。派深思認爲人格與人格的互動在社會體系裏應該是角色與角色的互動。因此，如果要達成順利的互動，就必須在角色及角色的期望上做正確的選擇。

人格體系與社會體系間的關係乃是在建立有效的社會化過程，使個人成爲社會的一員，參加社會所認可的活動以及表現社會所認可的行爲規範。個人與社會之間的功能關係主要在於個人對社會之貢獻與社會對個人貢獻之酬賞。派深思認爲在社會體系裏的政治制度的功能；一方面在集合個人的力量以達成社會體系裏政治制度之功能，另一方面則在酬賞的分配。對個人的貢獻給以物資或社會地位、聲望等酬賞，以鼓勵個人繼續不斷的貢獻。

有機行爲體系與社會體系間的主要關係在於後者提供有機物體所需的食物、居住等以維持有機體之生命。工藝技術的作用卽爲應付提供此等基本需求。但是工藝技術之發展亦受文化之影響，用以改變自然生態環境以符合人類的需求。經濟制度卽爲此而產生。經濟制度一方面發展人類所需求的工藝技術，另一方面則控制了工藝技術之產品，以符合體系的整體性。經濟制度裏有關財產、契約、雇用等等規則皆是爲此而產生。

由四個相互關聯的有機行爲體系、人格體系、社會體系，及文化體系所組成的行動體系是一遠超乎於社會的巨型和概括一切的理論體系。對行動體系的充分了解是研究社會體系者所必須先具備的要件。行動體系並不代表具體的個人或社會。任何一個人的行動總會牽涉到其他相關聯的體系。

派深思指出對社會體系的分析，甚或對整個行動體系的分析都可由下列四個功能類型來分析。此四種功能亦即所謂之AGIL：

A指適應（adaptation）

G指目的之獲取（goal attainment）

I指整合（integration）

L指模式之維護（latency, pattern maintenance）

如果把行動體系的四個體系與上述四個功能類型做比較，那麼

有機行爲體系是爲適應（A）的功能；

人格體系是爲目的之獲取（G）的功能；

社會體系是爲整合（I）的功能；

文化體系是爲模式之維護（L）的功能。

派深思指出AGIL所代表的是社會生存的四個基本問題，同時也是行爲體系裏不可或缺的四個要件。

用圖來表示，則如下：

A（適應）　　　　　　　　　G（目的之獲取）

有機行爲體系	人 格 體 系
社 會 體 系	文 化 體 系

I（整合）　　　　　　　　　L（模式之維護）

派深思理論的中心是在解釋社會體系的穩定、整合與均衡。社會（society）僅僅只是社會體系的一種。它必須具有某種程度的自給自足。派深思表示「一個社會的自給自足乃是社會本身內在之整合及社會與其他體系之關係二因素的溶合。」（1966）簡而言之，社會的自給自足必須同時依賴其本身內在之整合程度，以及社會與其他行動體系之間的和諧關係。一個社會的中心點是那些將其成員組成團體的社會規範。而這些社會規範是直接受文化的影響。社會與文化體系之間的最主要功能是承認社會規範的合法性（legitimacy）。經由宗教、法律或其他文化特質，社會成員得以了解那些行爲規範是社會所認可的，可行的；而那些是社會所不認可，不可行的。派深思相信文化的持續性維護了社會規範的功能與操作，也因此使得社會在整合中延續下去。

派深思認爲社會並不是很完美的有機體系，並不能對其內部過程和工具有完全的控制能力。實際上，社會是一羣非常鬆弛的體系及副屬體系所湊成的，有其個別的內在體系問題，均衡之趨勢和自由程度等問題。即使如此，派深思仍然相信，它們之間是相互信賴，相互關連的。同時沒有任何一個活動能夠滿足所有的體系之需求。就是這種未能滿足的需求常造成社會的緊張和干擾。

派深思認爲社會如果要達到並維持某種程度的均衡，則:

1. 其社會體系不能跟其成員之需求，動機與能力相互衝突。
2. 任何一個體系總會發展出一套規範模式。這些獨特的規範模式卻又同時存在於同一社會裏，這就代表着對社會體系均衡的潛在威脅。

換句話說，一個社會之所以能達到均衡，乃在於能符合該社會成員之需求，在另一方面，則必須設法發展出一套足以處理潛在威脅的獨特規範模式。在這種情況下，社會才有高度的自給自足。

派深思把社會視爲社會體系的一種特別形態，它具有對其環境的高度自給自足性。對環境之自給自足係指與其他社會體系相較之下，其受環境的支配較少，雖然社會是依賴於社會環境的。換句話說：社會能夠相當成功的控制其與環境的交換，以用來推廣社會之功能與維持社會之生存。派深思解釋其與每一個社會之各類環境之相對自主性如下：

第一，物理有機環境是社會用來滿足其成員之需求的資源之來源，故必須加以控制或適應。對物理有機環境之自給自足，係指有效的控制經濟和工藝技術以後的取食物與居處。以食物與居處之供應來看，家庭與整個美國社會來比較，前者的自給自足性較差。

第二，社會成員的人格之所以成爲環境的一部份，乃是因爲社會必須能夠信賴其成員對社會之運行有所貢獻。正如社會必須假以工藝技術來控制物理有機環境一樣，它必須控制其成員之人格，使大多數的人格可以在社會裏擔負角色而不遭受過份的緊張與壓力。如果大多數的人格有着激烈的隔閡，則這個社會不能是自給自足的。所有的社會都應保證經由社會化過程所塑造的人格（主要是在家庭內）都有其所認可的人格環境。社會化的結果之一是人格學習到參與社會許可之行動模式所應具有的適當動機，並以此等已內涵了的規範來協助解決社會秩序問題。以人格方面來看，派深思認爲美國社會比一些像學校或商業機構等較小的社會體系更能自給自足。

第三，社會的形象環境（文化）包括界定社會的集體認同與價值概念之經驗知識，情緒表達形象體系，以及宗教思想與儀式。對形象環境的自給自足係指文化體系對社會制度加以合法化。足夠數目的社會成員對價值及文化等其他象徵或形象有所承諾。當然沒有一個社會體系是可以給本身加以合法化的。所有的社會體系都必須在較大的文化裏求取其規範的合法性。因爲包含在制度裏的文化因素在社會化過程中已內涵在人格裏，因此一個社會比其他較小的社會體系更能獲得合法性。

第四，社會的社會環境，包括其必須對付的所有周圍之社會體系。很明顯的，其他的社會也是社會環境的一部份，但一個社會的社會環境之包容是較廣泛的。某些社會體系超越社會的界限（例如羅馬天主教會），某些社會體系雖然整個被包括在一個社會裏，卻必須要能適應幾百萬的家庭、學校、政府機構，以及像美國社會裏的自願團體和社團。

如果把行動體系的四個內涵與ＡＧＩＬ兩者之間的關係應用在社會制度上，則可用下圖來表示之。

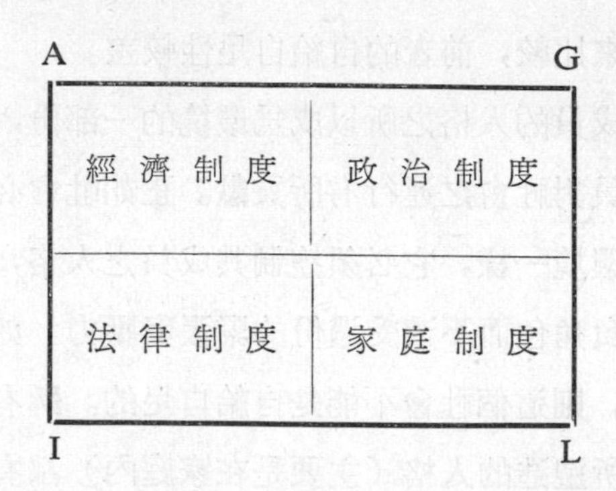

以文字說明則是：

爲適應（A）功能的有機行爲體系應用在社會制度上時是經濟制度；

為目的之獲取（G）功能而具有的人格體系應用在社會制度上時是政治制度；

為整合（I）功能而具有的社會體系應用在社會制度上時是法律制度；

為模式維護（L）功能而具有的文化體系應用在社會制度上時是家庭制度。

派深思更將上述這些關係用圖來表示。下面是派深思在其 1966 年的「社會：進化與比較觀點」一書裏的自繪圖：

社會社區與其環境

I 內在社會功能	II 社會體系	III 社會社區之內在社會環境	IV 社會社區之外在社會環境	V 普遍行動體系內之功能
A 適應		經濟制度		有機行為體系……適應
G 目的之獲取		政治制度		人格體系……目的獲取
I 整合	社會社區			……整合
L 模式之維護		制度化文化模式之維護		文化體系…模式之維護

註 I 代表 Intra-Societal Functions
II 代表 Social Systems
III 代表 Intra-Social Environments of Societal Community
IV 代表 Extra-Social Environments of Societal Community
V 代表 Functions in General Action System

按照派深思自己的講法，上圖很清楚的把社會與其他環境之間的關係做了一個比較，而且把重點放在社會裏的社會社區（societal community）上。所謂社會社區並不一定就等於平常通稱的社會。因為社會可能包容一些並未被該社會接受的成員。在社會社區裏，誰是該社會之成員，誰不是，皆有明晰的確定；而且各成員之間的聯繫性應比成員與非成員之間更強。換言之，社會社區之範圍比社會爲小，事實上，它是指社會裏最中堅的那一羣已被承認的成員。這個社會社區實際負責維護社會的整合，因此派深思稱其爲整合的副體系 (integrative sub-system)。

整合係指社會體系內各部門之間相互影響的結果，促成某種程度之和諧，用以維持體系之生存。派深思說：「整合含有兩種意義：一指體系用各部門的和諧關係，使體系達到均衡狀態，避免變遷；二指體系內成分的維持以抗拒外來的壓力。」(1977)

派深思指出，一個社會體系如欲達到整合，則下面二個條件是不可或缺的 (1951)：

第一，一個社會體系必須有足夠的成員行動者，並做適當的鼓勵遵依其角色體系而行動。

第二，社會行動必須避免那些不能維持最基本秩序的，或對成員要求過分而導致差異或衝突的文化模式。

派深思理論再三強調社會學研究的中心應該是功能的問題，特別是AGIL這四個功能的操作與運用，因爲功能是一種對維持社會均衡有利的適當活動，同時也是一種效果。社會學的功能分析主要目的是在尋求解釋某一社會行動所造成的效果或所賦有的功能。對派深思來講，功能可以說是控制體系內結構與過程之運行的一些條件。這些條件影響到體系的穩定，體系的存亡，以及體系運行的持續性之長程問題。換言之，功能亦是指有關體系內結構與過程的生存之後果。

派深思功能理論的研究單位不在個人，而是在結構。舉例來說：一個功能在於服務主人的個人，功能學的分析目標並不在該個人，而係在主僕之間所構成的服務概念上，因爲這概念牽涉到主僕間角色關係的問題。

社會制度在派深思的功能理論裏是指一羣相互關聯的社會角色。派深思曾說：「一個制度係指一羣已經制度化了的整合角色，……制度應該被視爲比角色還高一級的社會結構單位。實際上，它是由一羣相互關聯的角色模式所組成的。」(1951)

此種關聯的特質就組成了派深思所謂的功能體系（functional systems)。這些功能體系是整合的，也是朝向均衡的。因爲均衡才是社會體系運行的最終目標。在這種狀態裏，社會體系是和諧而無衝突的。體系內的變遷是緩慢且有秩序的。功能理論認定不論社會如何變遷，其最終目標總是朝向尋求均衡狀態的。

因此，變遷可以說是一種對社會體系的調整，局部而緩慢，無損於整個社會體系之整合與均衡。社會體系內的主要變遷方式是分化（differentiation)。派深思說：「一個社會體系是一個分化的體系。把社會體系看做是一個分化的體系其主要的分析目標在於角色的如何分化，角色的如何整合，如何成爲一個功能體系。社會體系的分化因而牽涉到兩個主要的因素：一，它是一羣分化角色的體系；二，地位（status）與角色之間的分配情形。前者就是我們所稱之社會結構，而後者則是分配（allocation）的問題，這問題包括三個意義：（一）人員或行動者的分配；（二）設備的分配；（三）酬賞的分配。」

以角色結構的角度來看，社會體系內部的分化大致有六種主要的來源：

第一、以行動者爲行動取向的對象，亦即其在社會體系裏的角色地位問題。

1. 以個人行動爲對象。

2. 以集體行動爲對象。

第二、角色取向的型態與其在社會體系內的分配情形：

1. 個人行動者的角色。

2. 集體行動者的角色。

第三、工具取向關係的經濟；設備之分類與分配以及權力體系之組織。

第四、情感取向關係之經濟；酬賞之分類與分配以及酬賞體系之組織。

第五、文化取向體系：有關社會結構之文化取向模式；例如意識、宗教信仰、情感形象體系，以及包括實行的工具與設置成功的綜合。

第六、整合結構：社會關係整合(道德)；社會體系如同一個集體；節制規範和他們的執行。特殊責任之角色將集體利益的特別責任加以制度化。

社會體系內的分化主要的是AGIL功能的分化。派深思相信每一個A、G、I、L則可再分化爲AGIL。而且這個分化過程可以繼續不斷地再分化下去，永不停止。用圖表示則如下：

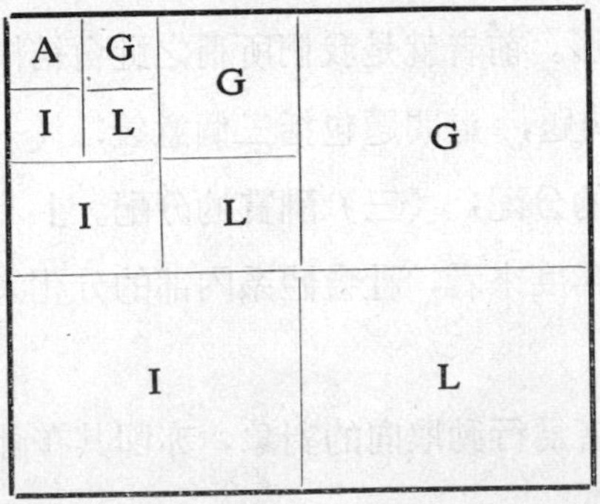

A G
I L
G
I L
G
I L

以整個行爲體系之分化過程來看，其分化應如下圖所顯示：

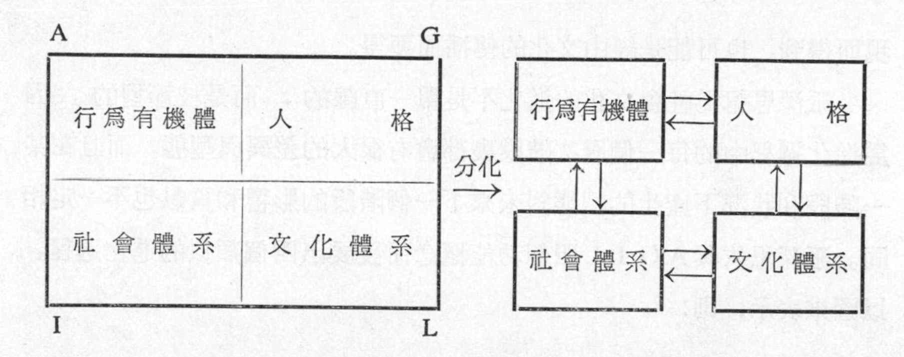

但是，如單以社會體系內部之分化來看，則可由下圖顯示之：

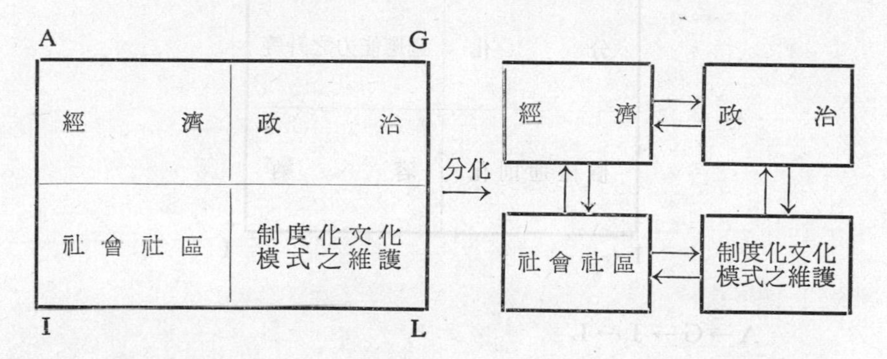

（二）社會進化論

從上面所述，我們可以很明顯地看出，派深思的理論一方面強調個人動機在追求目的中所擔任的角色，另一方面則亦注意到文化價值和社會規範對行動者行動過程的影響。派深思的行動體系實涵括人類生存所面臨的一些基本問題。一個社會的生存與否，端賴其對AGIL的履行與否；當一個社會由A→G→I→L時，則其社會亦向前向上進化了。

派深思的進化觀點認定人類社會的進化主要是一種適應能力的增強(increasing adaptive capacity)。所謂適應能力乃是指一個社會克服環境的種種困難而達到各種目標的能力。亦指人類改變自然環境，使其爲人類所利用的能力。適應能力的增強可能是由社會內一種新結構的出現而得到，也可能是經由文化的傳播而獲得。

派深思認為社會文化的進化不是單一直線的，而是枝節型的。因為進化過程中的每一個層次階段裏都會有很大的差異與型態，而且在某一階段和狀況下產生的型態對未來下一個階段的影響和貢獻也不一定相同。派深思依其AGIL四個功能概念而發展出四個類似的進化過程。以圖來表示，則：

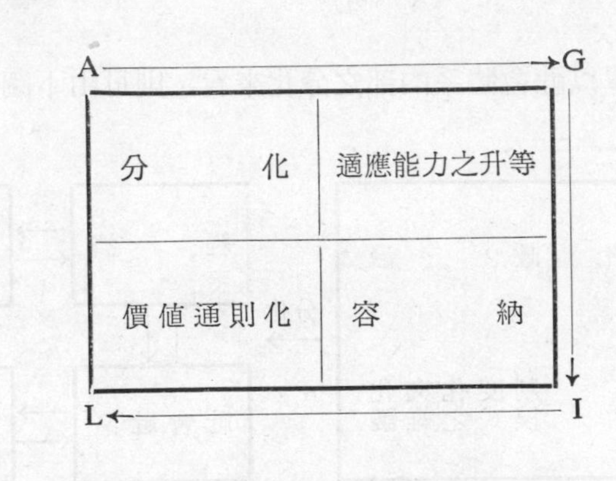

A→G→I→L

分化→適應能力升等→容納→價值通則化

分化（differentiation）是當一個體系分解成二個或二個以上的單位或體系的過程。新的體系會比原有體系有較高的適應能力。

適應能力之升等（adaptive upgrading）是分化過程的結果。因分化過程的結果使得社會單位資源增加，束縛減少，而致適應能力之增高與升等。

容納（inclusion）係將傳統原以個人地位背景為標準的社會組織加以擴大以容納各種各樣的人羣，以穩定社會之基礎。容納使社會更穩定，更有效率。

價值通則化（value generalization）係指社會對新分化出來的單

位加以承認和肯定，亦卽予以合法化。社會進化如果能發展到這一階段，則社會必穩定且能持續。

派深思這四個進化過程實際上也可以說是四個階段。人類克服環境之適應能力的增強是社會進化的最顯著特徵，由分化而適應能力之升等，而容納新成分，再終至價值通則化以達成社會之整合與穩定。

派深思相信人類社會由一個階段發展到另一個階段是需要某些突破(breakthroughs)才能達到的。他指出人類歷史上可以看出來的重大突破大約有七種：

1. 階層制度(stratification system)的出現。
2. 文化合法化(cultural legitimation)。
3. 語言文字(written language)的使用。
4. 權威的制度化(the institutionalization of the authority of office)。
5. 市場經濟的制度化(the institutionalization of the market economy)。
6. 普遍性的法則(a generalized legal order)。
7. 民主政體(democratic polity)。

在這七項當中，語言文字的出現是人類由初民社會進化到中等社會的一大突破；普遍性法則是使人類由中等社會發展到高等社會階段。因爲語言文字大大地增加了社會與文化之間的基本分化，使文化範圍與勢力大爲擴張，而且文字還可以用來穩定社會關係。普遍性法則是將社會規範從政治和經濟利益中以及個人特殊關係中解脫出來，因爲法律是正式理性及普遍性的。

派深思的進化論有三個基本中心假設：

1. 人類社會的發展不是隨機的，而是有方向的；

2. 現代社會只有一個單一的來源：西方社會體系；

3. 現代社會只有一個單一體系：西方社會體系。

依據上述基本假設，派深思把人類社會進化史分爲三個主要階段：

1. 初民社會（primitive societies）：包括澳洲土著的初民社會（the primitive society of aboriginal Australia）與其他高等初民社會（advanced primitive societies）。

2. 中等社會（intermediate societies）：包括古老社會（archaic societies）與歷史帝國（historic empires）。

3. 高等社會（advanced societies），即現代西方社會。

初民社會有兩個重要特徵：（一）宗教的重要性強；（二）親族關係強。在初民社會裏，社會、文化、人格等體系皆尙未分化，社會體系很單純，沒有淸楚的領域或團體成員，形象交通與工藝技術亦相當簡單。在澳洲土著社會裏，階層制度尙未發展，社會角色全是世襲的，但在其他高等初民社會裏，階層制度已形成；政治型態已成雛型，有軍隊，也有永久性宗教。

中等社會的最大特點是文字語言的使用。教士團體成爲特殊團體，並以語言文字將社會組織合法化及予以肯定。階層通常包括三級：(1)上層階級的成員係那些跟統治者的神格及其政教權勢運用有關者；(2)中層階級則係由一羣實際操作日常政務的官員組成；(3)下層階級是指農民、工匠及商人。古埃及與美索布達米亞社會爲中等社會之初期，即古老社會，而中國印度波斯羅馬等帝國爲後期中等社會，即歷史帝國。

高等社會是現代西方社會，包括歐洲和美國。這個階段始自於十七世紀的英國，歷經法國大革命，美國獨立革命運動以及工業化。西方社會之所以高於其他社會，是因爲其有容納與價値通則化的兩個進化步驟。尤其美國進化得最完整。英國和法國是高等社會進化的第一階段，而美國則代表第二階段，且必爲其他社會所倣效。

派深思強調現代社會實際上就是前述七種突破的累積。澳洲土著之所以最初等，乃是因爲那裏沒有任何一種突破；非洲幾個王國之所以是較高級的初民社會，是因爲它們有了第一種（階層制度）與第二種（文化合法化）的突破；同樣的道理，中等社會之所以高於初民社會，乃是因爲它有了第三（語言文字）、第四（權威的制度化）及第五種（市場經濟的制度化）等三項突破；而高等社會則更有第六種（普遍性法則）與第七種（民主政體）等兩項突破。派深思進化論同時認定，分化未清楚、適應力低劣、容納不完全、缺價值通則化的社會必定是較低等的社會；而分化清晰、適應力高、容納過程完成、有價值通則化的社會亦必定是較高等的社會。前者的代表是澳洲和非洲的初民社會；而後者則是西方體系的高等社會。

三、派深思理論與中國社會

（一）派深思理論在中國社會之應用

派深思本人對中國社會所知相當有限。在他一生中的許多著作裏只有在社會進化論裏提過中國社會。旣使如此，他的看法也只不過是韋伯的中國觀的翻版而已。美國社會學理論一直是以西方經驗，特別是美國經驗爲基礎，因此，派深思理論不涉及中國並不足爲怪。

那麼，派深思理論能不能用來解釋中國社會呢？這是一個値得探討的問題。如果能，則其適用性如何？如果不能，則其缺點在那裏？派深思理論能解釋中國幾千年來的社會結構嗎？還是只適合於某一時期的中國社會呢？如果把派深思理論應用在中國社會的解釋上，則又應該是怎麼樣的用法呢？在這一節裏，我們將試圖回答這些問題，並進而討論中國社會學發展問題。

中國傳統社會有一個很値得重視的特點：穩定與整合。梁漱溟說(1981: 46)：「百年前的中國社會，如一般所公認的是沿秦漢以來，兩千年未曾大變遷過的……因此，論百年以前差不多就等於論兩千年以來。」梁漱溟這裏所說的未曾大變，已是我們所說的穩定與整合。這種看法，錢穆（1969）與金耀基（1981）等人亦同意。他們認爲兩千多年的歷史雖有改變，但只有局部性的加添花樣而已，並沒有重大的改革或鉅變。西方學者艾森斯達特（S. N. Eisenstadt）亦同意，支配中國社會變遷的型態，並非革命性或全盤性的變遷，而是一種局部性和緩慢的適應性變遷。(1963)

派深思理論最大的長處是在於解釋和強調體系的整合與均衡。因此，用來解釋傳統中國社會的穩定應該是可行的。他的理論裏的整合與分化兩個概念應可幫助我們了解中國傳統社會。整合所強調的是社會體系內各部門之間相互影響的結果，而使得體系達到某種程度的和諧性。分化則是指社會單位適應能力的增強。從中國歷史經驗來看，中國體系之間關係和諧。這個社會體系是以家庭、政治、文化倫理等三個副屬體系爲中心基幹，有相當高程度的依賴性，內部亦有適度的和諧與均衡。

如果我們借用派深思的AGIL功能論來分析，則在傳統中國社會裏，A應指經濟制度和工藝技術，G應指以皇帝爲中心的政治體系，I應指傳統家庭制度，L則是儒家的倫理道德與規範。這種引用與派深思原先理論大致上是相吻合的，不過在派深思理論裏，他認爲I的功能是由法律和社會社區所擔當，L的功能則由宗教負責。這種差別是値得加以說明的。西方社會的整合規範是由法律明文約束或由小團體的同質性來節制，但在傳統中國裏法律約束人們行爲的功效不大，這功能是由家庭來負擔的。另外，西方社會文化的合法化通常是由宗教來認定的，但在傳統中國裏，社會文化受宗教的約束不大，儒家所倡導的倫理道德是合法化的依據準則。

中國傳統的經濟制度雖然不是近代西方經濟體系裏的資本主義或市場經濟，但是這個經濟制度遠在秦代就已有了貨幣統一的措施，漢、唐、宋之經濟活動更遠及南洋與海外各地。與經濟制度息息相關的工藝技術之發展在十三世紀時即已有相當的成就。派深思理論裏A是指對自然環境的適應，而傳統中國能綿延數千年，人口又不斷增加，可見歷代對自然環境之適應能力並不差。

中國傳統的家庭制度是中國社會裏最重要的制度。同時也可以說是中國社會之中心。社會和國家都只不過是家庭組織的一個擴大而已。它的孝道、親屬關係、祖先崇拜、敬老等等都是社會穩定的重要因素。在傳統的政治思想裏，天下一家的概念是政治哲學的最高理想；統治者與被統治者之間的關係亦正像家庭內父與子的關係。君爲父，臣爲子的政治人際關係有着濃厚的家庭色彩。傳統中國的官僚政治實際上也是一個大家庭式的政治組織。

科舉制度是家庭與政治兩種組織之間的一座重要橋樑。中國傳統政治領袖的徵用，是經由一個公平且普遍的取才科舉考試而得。這種制度把中國社會社區由家庭與鄉村社會，擴散到整個大社會，使每一個人都可經由讀書與科舉考試而在社會階級上昇遷，它也把社會社區的共同意識擴散到社會的每一個角落。傳統中國社會因有了科舉制度而緩衝了可能有的緊張與衝突。如果以派深思的術語來說，則科舉制度是普遍性的(universalistic)，它具有容納性(inclusion)與模式維護(pattern maintenance)兩種重要功能。

許多學者誤解派深思整合的概念，他們把整合看做是靜態不動的完美境界，其實不然。派深思強調整合是在社會體系內各部門相互協調下完成的。這種協調應是動態的，不斷修正和相互調整的。只不過這些修正調整是局部性的、緩慢的。一個整合的社會是一個只需要做局部性修正調整的社會體系。而傳統中國「兩千年未曾大變遷過」正是符合派深思的說法。近來我國學者常把傳統中國社會視爲無一是處的組織結構是一種受西方學者偏見影響下的誤解。事實上，在人類歷史上，找不出一個社會可以跟傳統中國長期性的穩定整合相提並論。派深思理論的最大優點既在於社會整合的解釋，則其用在中國社會上應是可行的。

不僅如此，派深思的進化論也可用來探討傳統中國社會的演進，例如：

1. 派深思的進化四階段：分化、適應力之昇等、容納、價值通則化等四階段應用以解釋幾千年來長期的中國歷史和社會變遷，是否可用？如果可用，則每一階段的代表特徵是什麼？
2. 派深思所提出的七個進化突破：階層制度的出現、文化合法化、語言文字、權威的制度化、市場經濟的制度化、普遍性的法則、民主政體。這七個突破當中，那些已經在中國社會裏產生過，在什麼時代產生的？對社會的影響如何？爲什麼有些突破沒發生？其原因何在？

如衆所知，派深思理論的最大優點在於社會整合與穩定的解釋。基本上，派深思相信社會雖然會改變，但不會有大變，總是往整合與均衡方向運行的。這種理論思想正可用來探討中國歷史幾千年來未曾有大變的演進過程。因此，中國社會學家應該對派深思理論加以了解，也應該嘗試加以應用。把目前我們對中國歷史社會的研究，從純描述的層次裏更上層樓至理論分析與建造的層次上。

四、社會學中國化問題

西方社會學從清末民初時期傳至中國一直到目前爲止，中間歷經不少挫折，這些挫折阻礙了中國社會學的發展。龍冠海把中國社會學的發展分爲四期：

第一時期是胚胎時期（1891年至1911年）。最早時期，康有爲、嚴復、梁啟超的著作與講詞裏用的都是「羣學」這名稱。至於最早用「社會學」這名稱的還是 1896 年譚嗣同所著的「仁學」一書裏。而第一本以社會學爲書名的則是 1902 年由章太炎翻譯日人岸本龍武太的社會學。這時期主要的作品是翻譯外文著作，介紹給國人。眞正研習社會學的人數目相當少。

第二時期是發育時期（1912年至1931年）。此一時期內，大學裏開設社會學課程與正式設立社會學系者日增。北京大學於 1912 年卽已設有社會學課程，而上海滬江大學則於 1913 年第一個設立社會學系。中國社會學社成立於 1930 年。此一時期內，國人自著的社會學書籍數量已有增加。根據龍冠海的估計，此時期出版有翻譯 32 種、自著 84 種，以及數目頗多的報章雜誌論文。另外，中國社會學家也開始從事實地調查的工作。

第三時期是成長時期（1932年至1948年）。這期間由於共產主義的影響，國人對社會學有了誤解，同時由於中日戰爭更迫使北方及東南各地社會學系停辦。幸而 1940 年國民政府設立社會部，鼓勵了社會學者實際參與政策之擬訂，社會學從業者數目大爲增加。龍冠海估計在 1947 年時社會學教師約有 143 人，學生 1,500 人左右。除此之外，社會調查研究在此時期發展到最高峯。

第四時期是再生時期（1949年迄今）。在大陸，社會學因1960年代文化大革命而停頓，一直到 1977 年才又重生。在臺灣，國立臺灣大學社會學系成立於 1960 年。其之前，則有東海大學之社會學系。目前在臺灣，東海大學設有博士班，臺大、東吳、政大、東海等皆有碩士班。另外，中央研究院之三民主義研究所、民族學研究所、美國文化研究所皆有社會學者從事研究工作。臺大農業推廣學系亦有數位鄉村社會學者從事教學研究。中國社會學社出版中國社會學刊年刊，臺大、東海、中興、東吳、政大等亦皆各有其出版品。

這一時期的最大特色是臺灣社會學發展由於受到社會變遷的影響而受政府民眾重視，一批批由國外回國的年青社會學者扮演了一個相當重要的角色 。 相反地，在大陸則因政治的干擾，使社會學停頓了二十幾年，直至近幾年才又開始摸索。

從上面這一段社會學在中國的簡史來看，我們可以很清楚地感覺到社會學在中國的發展，自清末傳進迄今，中間歷經無數挫折，其成長經歷與近百年來中國社會變遷汲汲相關。社會學源始於西方，在中國的發展因此常受限於此西方根源特質，而與中國社會特質格格不入。尤其在社會學界之領導人物 ， 大多爲留洋回國者 ， 對中國社會與文化了解不夠，而導致社會學解釋的過份洋化，無法使人信服。

社會學傳入中國的時間其實和其進入美國時間相差不遠，但是兩者近百年來的發展相差千里 。 究其原因 ， 我個人認爲美國社會學之鼎盛主要是其能由初期的實地調查工作而進展至理論概念的層次。早期的芝加哥學派的重點是都市社會問題的實地調查，後來則由哈佛大學的派深思學派理論取而代之，使社會學由偏狹的地域性小規模研究而發展成通則性理論的探討 ， 而可放諸四海通行 。 中國社會學從早期的純翻譯工作，發展到 1920 年代的社會問題研究，但可惜的是一直到目前，仍然是停頓在這方面的工作上，特別是中國大陸的社會學。在臺灣，雖然已有數目日增的受過專業訓練的社會學者，可惜，理論層次仍然不夠，仍然以驗證報告爲主要工作。

社會學的最大目標是建立一套可用來解釋人類基本社會互動方式、結構與功能的通則性理論。因此，社會學理論應該沒有「中國化」的必要。倒是，社會學的工作應該「中國化」才是眞的。一套好的社會學理論，不論是西方學者或中國學者所發展出來的，應該是可適用於中西社會結構的。中國社會學者可以中國知識來驗證、補充、修正已有的社會學理論，使其更具普遍性和通則性，更適合於不同社會結構的差異的解釋。換言之，社會學理論應無中西之分。

但是中國社會學者必須以中國社會結構做爲其研究與解釋的根據。而其研究結果必須與理論配合，支持現有理論或補充修正現有理論。以往的實地驗證工作必須繼續，但是不能再自滿於這階段，必須更上層樓將驗證與理論配合探討，才是社會學在中國發展的未來必經之途。要達到這一步，中國社會學者必須：

1. 熟悉西方現有社會學理論。
2. 熟悉西方社會學研究方法。
3. 熟悉中國社會結構之特質。
4. 以中國社會結構爲研究重點。

只有具備上述條件，社會學工作才能中國化，而中國社會學者才能對整個社會學界有深遠的貢獻。如果拉丁美洲的經驗能發展出依賴理論，那麼中國傳統社會與現代經驗，必能提供中國社會學家以及全世界各地社會學家一套可適用的理論體系，與現有理論相輔相成。

派深思理論可提供給中國社會學者理論探討與建造的起步，不僅是因爲其理論範疇廣泛，而且是因爲它最適合於探討傳統中國社會。但是派深思不懂亦不了解中國，只有中國社會學者才能在這方面提出貢獻。也許一套較完整而含有中國特質在內的通則性社會整合理論在不久將來會出現，而通用於各地人類社會之研究。

社會學理論不應該與現實社會分離，中國社會學者的理論發展自應有其中國風味，但這並不就是說非把社會學加以中國化不可。雖然如此，社會學的工作卻必須以中國爲對象，才是中國社會學者應該有的目標與雄心。

參考書目

一、英文部份

Parsons, Talcott,

1949 *The Structure of Social Action*. N. Y.: Free Press.

1951 *The Social System*. N. Y.: Free Press.

1966 *Societies: Evolutionary and Comparative Perspectives*. Englewood Cliffs., N. J.: Prentice-Hall.

1971 *The System of Modern Societies*. Englewood Cliffs, N. J.: Prentice-Hall.

1977 *Social Systems and the Evolution of Action Theory*. N. Y.: Free Press.

Eisenstadt, S. N.

1963 *The Political Systems of Empires*. N. Y.: Free Press.

二、中文部份

蔡文輝

1978 《社會學理論》。臺北：三民。

1982 《行動理論的奠基者》。臺北：三民。

金耀基

1981 《從傳統到現代》。臺北：時報。

錢 穆

1969 《中國文化叢談》。臺北：三民。

(原載於蔡勇美、蕭新煌主編《社會學中國化》，1986年出版)

我國現代化努力的過去、現在與將來

一、前　言

任何一個研究臺灣現代化過程的人都應該注意到一個很重要的事實：臺灣之所以能有今日的成就不是隔夜的突發偶然事件，而是中國人過去一百四十年來長期現代化努力的成果。雖然臺灣眞正邁向現代化社會只是最近二、三十年來的現象，但是我們必須注意到淸末民初現代化努力的掙扎和失敗給今日臺灣現代化計劃埋下了十分寶貴的經驗基礎。本文的一個中心論題就是將臺灣現代化視爲整個中國一百四十年來現代化努力的一個歷史過程，臺灣今日之成功不僅是過去歷史的結晶，亦將會給未來整個中國社會提供一個典範藍圖。

在本文裏，我們將首先介紹現代化的定義和特質，現代化在西方社會的源始，現代化與工業化的異同點，現代化成果對非西方社會人民的影響。隨後將討論過去一百四十年來中國現代化努力的幾個主要歷史階段。第一階段始自 1840 年的鴉片戰爭至 1894 年中日宣戰之前。這一階段的特徵是被動式局部性的西化運動。其現代化的重點在模倣西洋的船堅砲利，以夷之器制夷。雖然在這階段裏有一所謂「同治中興」的景象，但內憂外患逼使滿淸政府手足無措，已無餘力推展西化運動。第二階段始自中日甲午戰後 1895 年所定的馬關條約至 1911 年的辛亥革命。

這一階段的特質是由保守的維新運動轉爲激進的革命運動。康有爲所代表的維新運動，雖然已遠超出早先局部性的船堅砲利之洋務運動而涉及政治方面的改革，但在基本上，它的中心思想仍然是以儒家爲主的保守思想。孫中山所領導的革命運動則是激進的廣泛性改革，直接向君主政權的滿清政府挑戰。第三階段始自 1912 年中華民國的成立至 1949 年中國共黨的竊據大陸及國民政府的遷居臺灣。在這一階段裏，中國政治是不穩定的；內有軍閥橫行在先，共黨叛亂於後；外又是日軍侵華的八年抗戰慘禍。其特徵是各種西洋思想流傳於中國知識份子之間，現代化之努力缺乏一貫性的計劃，朝令夕改，其間除了一段從北伐成功至抗日戰爭爆發前的短短十年裏稍有作爲外，其他可以說是一事無成。這是一段摸索探討方向的階段。第四階段則始自 1949 年迄今。這一個階段最顯着的特徵是國民黨領導下的臺灣經濟高度成長和工業化的成功，使臺灣成爲一個富強康樂的社會。相反的，共產黨統治下的中國大陸卅年來仍然是貧窮和落後的。臺灣的成功給整個中國近百年來的現代化努力指出了一條可行的途徑，也給每一個中國人帶來了新希望。

接着，本文將對臺灣過去這二、三十年來的現代化過程單獨作一詳細的分析討論。我們將討論政府歷年來的經濟建設計劃的要點，也將分析臺灣在經濟上、工業上、教育人口上、社會結構上、價值體系上的各種變遷。而更重要的，我們將提出爲什麼臺灣現代化成功的原因。

最後將依據過去中國在現代化方面之努力所經歷的歷史經驗，對臺灣和大陸未來現代化方向途徑做一展望式的討論，提供讀者參考。

二、現代化的意義

美國著名的社會學家派深思在分析當代社會結構時就很坦率的指

出：我們今日所看到的所謂現代社會，事實上就是從西方社會演進出來的。因此，現代化社會是淵源自西方的基督教社會。以色列社會學家艾森斯達特 (S. N. Eisenstadt) 也同意現代化的過程只不過是一種朝向那由十七、十八世紀所發展出的歐美社會之型態而已。他認爲，當代各個國家的社會雖有相當程度的差異，但在基本上，各個社會的發展仍然是往西方社會的型態而發展的。

德國社會學家韋伯 (Max Weber) 的「基督教倫理與資本主義的精神」(The Protestant Ethic & the Spirit of Capitalism) 一書是討論西方現代化起源最權威的理論。基本上，韋伯將宗教思想看做是社會變遷的一個主要原動力。韋伯和當時許多思想家一樣，對當時歐洲工業化現象都有濃厚的興趣，他認爲，旣然工業革命發生在宗教改革運動之後，那麼宗教改革可能就是工業革命的催生劑。

韋伯發現基督教在宗教改革時所提倡的一些新的價值觀念有助於工業革命的產生。這些新價值觀念主要包括下面兩點：

（一）借錢抽取利息是正當的行爲

當時基督教所提倡的新倫理主張，個人與神的交通是直接的，不必經由教會或教士第三者來轉達其與神的交往。同時每一個信仰基督的人並不一定都有兄弟般的感情，彼此分不開。個人能單獨面對神，信徒間所謂的兄弟之愛並不必要。就是這種思想消除了中古歐洲社會裏凡是信主的都是兄弟的價值觀念，同時對社會提供了一種競爭的新觀念。那麼，旣然信主的人們並非就是弟兄，借款而抽取利息並無不可，商業上的相互競爭自然也無所謂違反基督教教義。工業革命裏資本主義的基本競爭思想因而得到社會和教會的認可允許。

（二）基督教的新倫理認爲侍奉上帝的方式並不在於參加週日禮拜或其他宗教節慶儀式，而是每個人要把世上的事務做好，這才是奉神之道

每個人的心靈都可以直接跟神交通，而侍奉上帝的最好方式是把個人在世上所應該做的事情與任務做得盡善盡美：不奢侈，不浪費，不懶惰。這種新的理論號召社會中每個人認眞盡心的去做自己本份的工作。

韋伯認爲基督教的這種新思想是獨特的，是羅馬天主教教義所沒有的。因此工業革命才發生在那些脫離羅馬天主教的幾個西歐國家。不僅如此，在古代中國、印度、猶太社會裏都看不出這些基督新教所倡導的新倫理，因此工業革命也就沒有在上述三個社會裏出現。

工業化的結果使西方社會一躍而成爲世界上最富裕的領導國家，也使西方社會變成其他國家所欲求模仿的對象。從十九世紀末期一直到今天，「趕上西方，走向現代化」的呼聲響透全世界每個角落，也成爲許多國家追求的最終目標。

雖然在一些貧窮國家的眼光裏，工業化、西方化、現代化，三個概念完全是指同一回事，可以相互交換使用。但是，事實上它們之間還是有差別的。嚴格來講，現代化是指一種包括社會、文化、工藝技術、宗教、政治、經濟等各方面的全盤性的變遷，工業化則是比較侷限於經濟發展與工藝技術改進等方面的變遷。一個社會的工業化程度可以從其使用非動物性資源的多寡程度及其經濟成長結果兩方面來看。西方化則是指全力模倣採納西方文明社會制度的一種變遷方式。

我們可以肯定地說，西方化和工業化都只能算是現代化過程的一小部份。西方化是現代化過程中的一種型態，而工業化亦只不過是現代化過程裏經濟方面的一種改變而已。現代化包括工業化和西方化，但現代化並不等於工業化或西方化。

現代化是一種邁向新的社會型態的過程，它所牽涉到的變遷自然相當廣泛。由結構方面的角度來看，一個現代化的社會必須具備下面五個特質：

1. 穩定發展的經濟。工業生產的增加和消費量的擴充必須是長期穩定持續的。「短期奇蹟」不能算是穩定發展的經濟。
2. 社會文化逐漸走向非宗教神權的文化特質。換個說法；社會的價值觀念是比較理性的。
3. 社會上的自由流動量應該增加並受鼓勵。在現代社會裏，個人應有選擇職業、居處、宗教信仰、地位昇遷等方面的自由。社會應儘量減除那些束縛個人自由流動的措施，鼓勵並提供個人流動之機會。
4. 社會與政治政策的裁決應採納大多數人的意見，鼓勵社會上的成員參加政策性的決定。這種政策性的決定可能小至街巷道路的拓寬，大至國家經濟政策等活動。
5. 社會的成員同時也應具有適合現代社會的人格。現代化人格的特質包括進取努力的精神，對環境具高度樂觀性，具有創造並改變自然環境的毅力，以及公平並尊重他人人格的價值觀念。

西方社會裏現代化過程最主要的一個特質是社會結構的分化(differentiation)。斯美舍 (N. J. Smelser) 指出在西方現代化的歷史過程裏，可以很明顯的看出社會各部門的分化過程。例如：在傳統社會裏，家庭不僅是一個重要的生產單位，而且也是一個消費的經濟單位；很多工廠和住宅同在一處，同時工廠的員工大多數也都來自家庭成員或親友。但是在現代化的過程裏，生產的功能逐漸從家庭分化出來而成一新的經濟單位，所謂工廠制度就是爲生產而設的。分化的結果，新的制度結構或單位應該比未分化前更有效率，更能發揮其功能。現代化的過程事實上也就是把社會舊有的結構制度加以調整修定，使其更能適應人們的需求。因此，一個現代化的社會在理想上應該是一個不患貧，不患寡的富強康樂社會。

西方社會在經過現代化的變革後，經濟發展迅速，民生富裕，國勢亦日益強盛，領土迅速擴張。因此許多非西方的社會當然想模倣西方社會，希望達成這些目標。政治學家艾伯特 (D. E. Apter) 指出現代化已成爲新興國家裏國民的一種特別的冀望，因爲在這些國家裏，他們已覺悟傳統的文化和生活方式是落伍的，無法適應時代的需求。只有現代化才是自救之道，社會才能有進步，有希望。

三、中國現代化的幾個主要階段

中國尋求現代化的努力可以追溯到十九世紀的後半期，在這段時間裏，內亂外患連綿不斷，民不聊生，國勢日落，有識之士乃大聲疾呼效法西方文明制度；並同時摒棄或整修固有傳統文化，希望中國能趕上西方列強。如果我們把鴉片戰爭視爲中國走向現代化努力的起點，那麼過去一百四十年間中國尋求現代化的努力可以說是一篇慘痛歷史。本節將檢討過去一百餘年來，我國現代化過程的幾個主要歷史階段。

（一）第一階段：被動式的局部西化運動

我國現代化過程中，一個不可忽視的特徵是其被動性。現代化之產生於西方國家是一種適合其社會體系的內部分化演進的結果；但是我國十九世紀中葉所提倡的現代化運動乃是外來因素的成果。現代化運動所牽涉到的特質是外來的物質；最初的動機是被動的，因此所欲變革的，或所欲現代化的也只是局部性的。

1840 至 1842 年的中英鴉片戰爭可說是我國現代化過程的起點。李劍農在其所著「中國近百年政治史」裏指出：

「中國需要模做西洋的動機，最早起於鴉片戰爭結局時。魏源在此時所成的海國圖志序文內說：『是書何以作？曰，爲以夷攻夷而作；爲以夷款夷而作；爲師夷之長技以制夷而作。』師夷之長技以制夷，便是模倣西洋的動機。因爲鴉片戰爭的挫敗，知道夷人也有夷人的長技，非中國人所能及，非師其長技不足以制之。」

鴉片戰爭前，中國與西洋各國之間的關係可用「無知自大」四個字來形容。在政治外交上，滿清政府從未對外國使節以平等待遇，總要求外商使節依慣例成規朝貢；對於互派公使駐京平等來往的請求也一概嚴詞拒絕。在通商制度上，清政府把持着一種懷柔遠人的政策，認爲通商是優惠於夷人。這種態度在乾隆皇帝與英王的勅諭中表現無遺：「天朝物產豐盈，無所不有，原不藉外夷貨物以通有無。」因此，當時之通商制度甚爲不合理。不僅通商口岸的地方官員以外商爲索賄對象；同時外國的商人亦遭受許多不合理的限制，例如，不准偕外國婦女來商館，不准任意乘船出外遊冶，不准自由向官府進稟，如有陳訴，須由公行代呈等等。

鴉片戰爭敗於英人之手，訂定南京條約的結果不僅使中國被迫訂下喪土賠款的條約；更重要的是使中國士大夫和官員首次認淸西洋人。接着滿清政府又遭受十五年的太平天國之亂，隨後捻匪和回亂相繼而起，禍延十數省。對外又有 1857 年及 1860 年兩次英法聯軍之役，逼使咸豐皇帝避難於熱河。安南、緬甸、琉球、朝鮮等各地藩屬亦相繼喪失。

西洋船堅砲利是不可否認的事實。曾國藩、李鴻章二人更是親自體驗經歷過。「中國但有開花大砲輪船兩樣，西人卽可歛手」是曾李二人當時的信念。因此，在 1865 年，於上海首先設立江南機器製造局，自此二十五年到 1890 年間，曾李所創設的洋務包括：

1. 1866 年設輪船製造局於福州馬尾。
2. 1870 年設機器製造局於天津。

3. 1872年選派留美學生。

4. 1872年設輪船招商局。

5. 1875年籌辦鐵甲兵船。

6. 1876年派武弁往德國學習水陸軍械技藝；派福建船政學生出洋學習。

7. 1880年購買鐵甲兵船，設水師學堂於天津，設南北洋電報局。

8. 1881年設開平礦務商局。

9. 1882年築設旅順港，設商辦織布局於上海。

10. 1885年設武備學堂於天津。

11. 1888年設北洋艦隊。

由上述資料看出，初期的現代化運動所包括的範圍只限於軍事方面的改革。造船、製械、築港、設電報局、選派留學生，都是爲「轉弱爲強之道，全由於仿習機器」目的而設。這時期的現代化運動是被動的，是出於不得已的防禦性；這時期的現代化運動也只是局部性的，所牽涉的範圍僅及於軍事兵工而已。但是這種局部性的西化運動，在中日甲午之戰一役證明是不夠的，而且是失敗的。

（二）第二階段：維新與革命

1895年中日甲午之戰是中國由局部西化運動轉向急速全盤西化的轉捩點。曾李所經營二十餘年的洋務至此已證明是失敗的，而原本反對洋務的士大夫們至此時也不得不承認敗於日本一小國是奇恥大辱。局部革新和西化已不足以圖存，唯有廣泛的通盤性維新，才是自救之道。船堅砲利不足以禦抗外患，社會與政治的改革才是根本的方策。

早在 1887 年，駐英公使郭嵩燾就已致書李鴻章，勸李倣效日人西化之法，把洋務擴大至非軍事事務。中日甲午一戰證明郭嵩燾的看法是正確的，日本的做法是徹底且成功的。馬關條約的城下之盟引出了二位提倡劇變的人物：康有爲和孫中山。康有爲於 1896 年在北京發起「公車上書」痛陳改革救王的辦法；孫中山則於同年在香港成立興中會謀求推翻滿清政權。

康有爲維新運動的主要對象：一在於爭取光緒皇帝的支持，另則針對一部份求變心切之士大夫的心理，以擴大其運動之成員。康有爲主張取法俄國和日本之維新策略，以定國是，提拔有志改革維新之士大夫，並廣泛允許各地疆臣就地按情變法，從 1898 年四月開始，康有爲所推行的新政包括下列幾項重要措施：

1. 選舉與教育方面：廢八股文及考試經義策論，設大學堂於京師，各省府州縣的書院分別改爲高等、中等及小學堂，並令中西兼習，改上海時務報爲官報，並在京師籌設報舘等。
2. 政治方面：撤消閒散衙門、裁汰冗官、澄清吏治、引用新人、廣開言語等。
3. 軍事方面：武科考試槍砲、軍隊改習洋槍、裁減冗兵、力行保甲等。
4. 實業方面：籌辦鐵路開礦、促進農工商業及獎勵製造發明等。

雖然康有爲的新政措施處處考慮到避免過份偏激，但是守舊大臣如榮祿與剛毅等依恃着太后，竭力反對。至八月間，當康派人仕接洽袁世凱以兵力保護德宗光緒皇帝，慈禧太后乃捕殺新黨人物，幽囚光緒，太后再度臨朝聽政。一切新政全被取消，康有爲之革新運動至此完全失敗。

康有爲維新運動失敗之結果使許多有志之士更認清滿清政府已到不可救藥的地步，局部性的維新已無法救中國於危難，唯一的途徑只有全盤革命，根本推翻君主制度，重建一個新的中國，在這種情況下，孫中山所領導的革命運動就轉而成爲有志之士期望的寄託。以往，一些士大夫將孫中山的革命思想視爲大逆不道，無法無天；到這時也給予同情與支持。戊戌政變後，緊接着的有北京拳匪之亂和八國聯軍之役；中國的危機愈陷愈深，孫中山的革命思想更逐漸的擴展。各地革命運動不斷舉事，最後於 1911 年武昌起義，終於推翻滿清政府，建立民國，更給中國的現代化努力帶來一個新的希望。

總而言之，在這一階段裏，中國現代化運動已由原先以洋務運動爲中心的局部防禦性軍事改革，轉進爲較廣泛的社會政治改革運動。在這一階段的初期是康有爲的維新運動，後期則逐漸轉向到孫中山的革命運動。

（三）第三階段：民國的徬徨

第三階段始自 1912 年滿清政府正式遜位國民政府成立，到 1949 年共產黨竊據大陸國民政府遷局臺灣爲止。這一段時期最大的特色是現代化學說百家爭鳴及現代化措施雜亂無章。民國初年政治不穩定，軍閥橫行，新政推行缺乏一貫持續性。短命的內閣根本無能力擬定一長期遠大的現代化計劃。知識界裏則充滿了各式各樣的學說：全盤西化、復古運動、資本主義、社會主義、共產主義、無政府主義、君主立憲、民主立憲等學說爭鳴一時 。當政者無所適從，朝令夕改，不僅現代化一事無成，更嚴重的是造成新舊士大夫知識份子之間的激烈衝突。旣使一些主張現代化的，彼此之間亦因思想主義的紛歧而相互攻訐。社會各階層之間的差距愈演愈大。

雖然如此，由民國十六年的北伐完成到民國二十六年的中日戰爭開始前，由於國家有這十年的暫時統一局面，而能在現代化的努力上稍有成績，這些成績包括如下：

1. 交通建設方面：全國鐵路由八千公里增至一萬三千公里。全國公路由一千餘萬公里延增至十一萬五千七百餘公里。整頓招商局，成立中國航空公司、歐亞航空公司及西南航空公司，擴展郵電服務等。

2. 財政金融方面：北伐成功前，我國幣制十分紊亂，不僅市面上流通之銀幣不同，同時各省所鑄造的銀幣亦各異，影響國民經濟、國家財政，以及對外貿易。北伐成功後，國民政府統一銀幣，由中央統一鑄造，穩定外滙及物價，增進出口貿易，平均稅率，整頓海關稅則及內外公債等各項改革。

3. 農礦方面：設立中國農民銀行，貸款合作社並協助農民，設立資源委員會，主管一切國有工業之興建以及礦藏之開採，並調查西南、西北各省之地下資源。

4. 教育方面：公佈大學法、整頓高等教育，十年之間全國大專以上學校由七十餘所增至一百零八所，普通中學由九百五十四所增爲一千九百五十六所。師範學校由二百三十六所增至八百十四所，職業學校由一百四十九所增爲四百九十四所。社會推廣教育亦由六千餘所增爲三萬七千餘所。

這些「小成績」對整個大中國來說不算什麼，卻也得來不易。不幸的是，民國二十六年七七事變使整個中國陷入一次歷時八年的中日戰爭。在這十年間所獲得的一些小成績，一切努力都被迫中斷放棄，現代化運動幾乎全盤停頓。中日戰後緊跟着中國共產黨之叛亂乃至大陸失陷，政府遷居臺灣，中國現代化的努力再次受到一次重大的挫折。但是，這個階段的結束也正是另一階段的新開始。

（四）第四階段：繁榮的臺灣與停滯不前的大陸

1949 年以後，中國在現代化的過程裏出現了兩個很顯明的對照：臺灣在這三十年間，由一個農業經濟社會邁進了工業社會，由一個貧窮落後的社會轉而爲富裕的經濟奇蹟的典範。無論在都市發展上，教育普及方面，以及國民生計上都有很驚人的進步與成就。相反的，在中國大陸這三十年來，政治不穩定，經濟未起飛，問題重重，民不聊生，其社會及其人民仍然停滯於古老落後的地步。在這第四階段裏，很清楚地可以看出政治領袖在現代化過程中所扮演的角色之重要性。在臺灣，政權的持續有長久的一貫性，政策決定者具有現代化的眼光與胸襟。因此長期計劃經濟順利推行，社會改革亦能推廣執行。相反的，在中國大陸政權不穩，連續不斷的鬥爭，再加上當權者缺乏現代化的遠見，朝令夕改，三十年來，共產黨統治下的中國大陸一直沒有多大的進步。一直到今天，華國鋒、鄧小平，以及所謂四人幫等人之間的權力鬥爭仍然未停，政治領袖們已無餘力顧及現代化的推行。

綜觀中國這一百四十年來的現代化過程，很明顯地一個特質是一種由上而下的現代化運動，換言之，中國由清末民初的洋務西化運動，直到今日臺灣的全民現代化努力都始自於上流社會士大夫及知識份子，它是一種外來的思潮運動，爲求現代化，中國社會需要適當的調整與融合，臺灣有今日的成就是這種融洽具彈性適應的表現。在下一節裏，將詳細分析臺灣過去三十年來在經濟、政治、社會各方面的變遷，並探討其因素。

四、臺灣的現代化過程

1960 及 1970 年代，臺灣在經濟上的成績是相當可觀的。這個所謂經濟上的奇蹟不僅讓我們自豪，而且也被許多外國學者專家們稱道。俞國華先生就說：「在將近三十年間，經濟蓬勃發展，生活水準提高，成爲開發中國家經濟建設的典範。」費景漢與郭婉容等人亦稱：「在低度開發國家裏，臺灣的成功是很少有的，1953 年以後年間，臺灣有兩種成就是值得特別注意的：緊跟着急速的經濟成長之後，國民所得之分配大爲改進；而在 1960 年代結尾時，失業問題幾乎消除了。」肯恩 (Herman Kahn) 亦讚揚臺灣（和南韓）的成就是開發中國家的英雄。

臺灣過去三十年來的經濟發展過程及其成果將簡單討論於下，並分析其所以成功的因素。

（一）計劃的經濟發展

臺灣經濟發展的源始可追溯至 1949 年政府遷臺以後所執行的土地改革計劃。當時土地改革包括三個主要的步驟：(1) 1949 年的三七五減租，規定每等則耕地地租不得超過主作物正產品年總產量的千分之三百七十五，租期至少六年，所有耕地租約必須依照這項規定向政府登記。其目的在改善和保障佃農收益並激發承耕者努力增產的意願。(2) 1951 年的公地放領，讓農民在十年內分二十期向政府攤還地價以換取耕地所有權。在此期間共放領公地九萬六千甲，承領農民計十五萬六千餘戶。(3) 1953 年的耕者有其田。政府向地主徵購超額的出租耕地，由現耕佃農承購。地主則獲得實物補償及公營事業股票。

1949 年，中國農村復興委員會遷臺，在蔣夢麟領導下對臺灣農村社會的改革盡了相當大的貢獻。蔣夢麟指出「農復會之工作，即在應用西方民主思想於中國實際狀況。」在這大前提下，農復會不僅輔助政府推行土地改革政策及農業增產措施外，而且協助政府推動農村社會制度之現代化。改革農民與農會組織，培植訓練農村基本幹部領導人，奠定日後雖然工業起飛，而農村並未完全破產的良好基礎。「在此一被世界各國譽爲『奇蹟』的經濟發展過程中，農村部門的貢獻極大；而在農業發展過程中，農復會亦扮演了一個重要的角色。」雖然這句話出自農復會的刊物上，卻一點也不爲過。

1950 年代政府遷臺初期，農業一直是最主要的一種產業，不僅農業人口佔全省總人口之大多數，而且農業生產額亦佔全國總生產額之大部份。因此，早期的經濟計劃的原則是一種「以農業培養工業，以工業發展農業」的政策。農業一方面提供工業發展所需的資金與原料，另一方面農村亦構成了工業產品的重要市場。同時，農產品的輸出亦佔總出口值的大部份，許多工業所需的機械與原料都是靠農產品的出口而換得的。

在經濟方面，政府在 1953 年開始實施第一期的四年計劃，對發展臺灣工業做有系統的推廣。從 1953 年到 1974 年，政府連續實施了五期的四年經濟計劃。由於 1973 至 1975 年的物價膨脹及經濟衰退，政府於 1976 年開始一項新的六年經濟計劃以適應能源危機以後世界經濟的新情勢，並配合十項建設。

在這一連串的經濟計劃裏，政府由保護關稅和管制外滙，始於發展勞動密集的工業，平衡政府預算、鼓勵投資及出口，增加就業人口，穩定物價，改善所得分配，而終至創造了一個所謂經濟發展史上的典範與奇蹟。下列的幾項統計分析能提供讀者對臺灣過去三十年來在經濟方面的成長一個清晰的瞭解。

由表一，很清楚的可以看出農業生產值在政府遷臺初期的重要性。同時在經濟發展的過程中，明顯的農業逐漸被工業代替。1952 年第一期經濟計劃實施前，農業佔生產總值的三分之一以上，而工業僅其一半，約佔六分之一。可是到 1978 年，農業已減少到百分之十二，工業則增長到百分之四十以上了。

農業與工業的消長相對趨勢同樣可見於出口值的百分比上。由表二可見，農業工業的出口值的百分比在三十年間幾乎完全對調。工業產品由 1952 年之百分之八增至百分之八十九，不能不說是一顯著的改變。

臺灣的經濟由農業轉向工業，由進口轉向出口貿易造成臺灣的經濟

表一：經濟結構之變遷

年	農(%)	工(%)	年	農(%)	工(%)
1952	35.7	17.9	1958	30.8	23.7
1953	38.0	17.6	1959	30.1	25.4
1954	31.5	22.0	1960	32.4	24.6
1955	32.5	20.9	1961	31.1	24.7
1956	31.2	22.1	1962	28.8	25.5
1957	31.3	23.6	1963	26.4	27.8
1964	27.6	28.0	1972	14.9	38.9
1965	26.8	28.1	1973	15.0	40.1
1966	25.5	28.4	1974	15.7	38.4
1967	23.2	30.3	1975	15.9	36.5
1968	21.5	31.9	1976	13.8	38.2
1969	18.5	33.8	1977	13.4	38.3
1970	17.6	34.1	1978	12.0	40.3
1971	15.3	36.5			

資料來源：英文中國年鑑 1979 年，p. 186。

成長率逐漸高昇。從 1952 年至 1979 年，臺灣經濟成長的平均年率是百分之九點一，是世界上長期維持高速成長的少數地區之一。平均的成長率在 1950 年代大約是百分之七點七，六〇年代增至百分之九，七〇年代則已到百分之十以上了。事實上除了 1974、1975 兩年因能源危機之影響外，每年臺灣的經濟成長都有相當可觀的增長。

工業的成長帶來了經濟的繁榮，也增加了人民的財富。平均國民所得在 1951 年每人只有九千三百餘元，1970 年增至二萬六千五百八十二

表二：農工業產品出口比較

年	工 (%)	農 (%)	年	工 (%)	農 (%)
1952	8.1	91.9	1956	17.0	83.0
1953	8.4	91.6	1957	12.6	87.4
1954	10.6	89.4	1958	14.0	86.0
1955	10.4	89.6	1959	23.6	76.4
1960	32.3	67.7	1970	78.6	21.4
1961	40.9	59.1	1971	80.9	19.1
1962	50.5	49.5	1972	83.3	16.7
1963	41.1	58.9	1973	84.6	15.4
1964	42.5	57.5	1974	84.5	15.5
1965	46.0	54.0	1975	83.6	16.4
1966	55.1	44.9	1976	87.6	12.4
1967	61.6	38.4	1977	87.5	12.5
1968	68.4	31.6	1978	89.1	10.9
1969	74.0	26.0			

資料來源：同前，p. 187。

元，估計 1979 年將高達四萬八千九百餘元。在不到三十年之間，平均個人國民所得增加了五倍以上。（見表四）

在許多開發中國家的經濟成長過程中，一個很嚴重的問題是貧富差距的增大。急速增長的出口貿易雖然提高了生產總額與平均國民所得，然而事實上卻是富者更富，貧者更貧。很慶幸的是，這種危機景況並未發生在臺灣。按照 1978 年臺灣地區個人所得分配調查報告的資料，臺

表三：國民生產毛額

單位：新臺幣百萬元（按 1976 年固定價格計算）

年	金額	經濟成長率 %	年	金額	經濟成長率 %
1951	80, 200	……	1971	455, 226	12. 90
1956	122, 748	12. 05	1972	515, 825	13. 31
1961	171, 970	6. 83	1973	581, 928	12. 82
1966	275, 691	9. 01	1974	588, 459	1. 12
1975	613, 414	4. 24	1978	870, 621	13. 85
1976	696, 101	13. 48	1979	940, 561	8. 03
1977	764, 706	9. 86			

資料來源：中華民國國民所得，1979 Table 5. p. 20。

表四：平均每人所得

單位：新臺幣元（按 1976 年固定價格計算）

年	每人所得	增加率 %	年	每人所得	增加率 %
1951	9, 354	……	1974	34, 438	−3. 68
1956	10, 222	9. 28	1975	34, 910	1. 37
1961	14, 097	3. 65	1976	39, 468	13. 06
1966	19, 752	6. 31	1977	42, 167	6. 84
1971	29, 524	10. 05	1978	46, 295	9. 79
1972	32, 512	11. 14	1979	48, 957	5. 75
1973	35, 753	9. 97			

資料來源：同上，1979 Table 8. p. 26。

灣的貧富差距並未增大，反有縮小的現象。由表五觀之，最高所得的百分之二十家庭與最低的百分之二十家庭兩者的比率在 1964 年是五點三。在 1978 年，這項比率已減縮到四點二。

表五：個人所得按戶數五等分位之分配

	1964 (%)	1966 (%)	1968 (%)	1970 (%)	1972 (%)	1974 (%)	1976 (%)	1977 (%)	1978 (%)
1. 最低所得組	7.71	7.90	7.84	8.44	8.60	8.84	8.91	8.96	8.89
2.	12.57	12.45	12.22	13.27	13.25	13.49	13.64	13.48	13.71
3.	16.62	16.19	16.25	17.09	17.06	16.99	17.48	17.31	17.53
4.	22.03	22.01	22.32	22.51	22.48	22.05	22.71	22.57	22.70
5. 最高所得組	41.09	41.45	41.37	38.69	38.61	38.63	37.26	37.68	37.17
5 與 1 等位之倍數	5.33	5.25	5.28	4.59	4.49	4.37	4.18	4.21	4.15

資料來源：中華民國臺灣地區個人所得分配調查報告，1978，表五，p. 10。

總而言之，今日臺灣經濟之所以能有高度成長實在歸功於政府所推行的各期按部就班的經濟計劃。除了有遠見長期計劃的政府，再加上工商業人士之苦幹努力，才造成今日之偉大功績。

(二) 社會結構裏量的變遷

經濟的高度成長固然是臺灣在這三十年來最顯著的現代化努力的成果，但是其他社會各部門的變遷也十分明顯，值得注意。在下面的討論裏，將以數量的角度來探討臺灣過去三十年間在人口組合、都市化、教育結構、職業分佈等社會結構方面的幾種主要變遷。

首先要提及的是這三十年裏，臺灣的人口出生率與死亡率同時下降。由表六可看到，早在 1951 年，臺灣的粗出生率高達千分之五十，粗死亡率亦有千分之十一點六，到 1978 年，粗出生率與粗死亡率分別降到千分之二十四點六與千分之四點八；自然增長率由千分之三十八降到低於千分之二十，這不能不說是一個好現象。

表六：臺灣人口出生率與死亡率之比較

年	粗出生率	粗死亡率	自然增加率
1951	49.98	11.58	38.39
1956	44.84	8.03	36.81
1961	38.31	6.73	31.58
1966	32.41	5.45	26.96
1971	25.86	4.93	20.93
1972	24.39	4.87	19.52
1973	24.09	4.93	19.16
1974	23.66	4.92	18.74
1975	23.32	4.85	18.47
1976	26.30	4.85	21.45
1977	24.23	4.91	19.32
1978	24.62	4.82	19.80

資料來源：中華民國 68 年臺灣省統計年報第 38 期，p. 42。

死亡率的降低使得人口中老年人數的增長。臺灣省六十五歲以上的人口在總人口百分比逐年在增加，以及臺灣省居民平均餘命也逐年在延長，這都可見於表七。在這近三十年間，男性生命餘年由五十三歲延長到六十九歲，女性亦由五十七歲延長到七十四歲。男女性的平均餘命分別增加了十六年與十七年。這項增加是社會進步的徵象和成果，也是現代化的最好證明之一。因爲這些數目已與其他所謂已開發的歐美各國及日本相等齊了。

表七：老年人口與平均餘命比較

年	老年人口在總人口比*	平均餘年**	
		男	女
1951	2.46%	53.1	57.3
1956	2.44	59.8	65.4
1961	2.50	62.3	67.7
1966	2.71	64.1	69.7
1971	3.03	66.4	71.5
1972	3.20	67.8	72.5
1973	3.30	67.7	72.8
1974	3.42	68.0	73.0
1975	3.55	68.4	73.4
1976	3.69	68.8	73.7
1977	3.87	68.8	74.1
1978	4.03	69.2	74.3

* 中華民國 68 年臺灣省統計年報，第 38 期表 15。

** Statistical Yearbook of Republic of China, 1979, Table 18。

工業的發展與經濟的成長自然帶來人民就業機會的大量增加。如果拿就業人口在總人口的比率來比較，表八很明顯的指出兩個很值得注意的現象。第一當然是就業人口的增加，從 1951 年占總人口百分之三十六點六增加到 1979 年的百分之四十三；第二則是婦女就業人口的顯著增加；由百分之十八點三增加到將近百分之三十。婦女就業人口的增加對臺灣社會將來的影響是值得注意的一個現象。

研究現代化的學者都一致同意現代化過程中教育程度的提高是必然的現象，教育不僅是現代化的因，也是現代化的果。就臺灣過去三十

表八：就業人口比較

年	總就業人口比	男就業人口比	女就業人口比
1951	36.6%	54.2%	18.3%
1956	32.1	48.7	14.8
1961	30.8	47.1	13.5
1966	29.8	45.8	12.9
1971	36.3	50.2	20.8
1972	38.0	51.1	23.6
1973	39.1	51.8	25.2
1974	39.5	52.2	25.4
1975	40.0	52.8	26.0
1976	41.4	53.8	27.8
1977	41.9	54.5	28.1
1978	43.0	55.2	29.7

資料來源：Statistical Yearbook of Republic of China 1979, Table 8, pp. 20-21

年來談，臺灣教育的進展是很顯著的。根據教育部的統計，1950 年各級學校的總數是一千五百零四，1979 年已增加三倍以上而達四千九百五十所學校；教師與學生人數之比較，1950 年每一教師平均所教學生爲三十六點三五人，1979 年則降爲二十七點七四人；學生人數，在 1950 年每千人口平均在學學生約一百四十，1979 年增爲二百六十五；六至十二歲學齡兒童就學率由百分之八十增至百分之九十九點七；在高等教育方面，1950 年大專院校共七所，學生不及七千名，到 1979 年大專院校已增至一百零一所，研究所一百九十二所，學生人數已接近三十三萬名。

在這裏要特別指出的一個重要的教育事實是留學外國學生返國服務

人數之增加。由 1950 至 1979 年間，核准出國留學生總數共達五萬七千一百二十八名，其中男性佔百分之六十四點七，研習工程學科居首，佔留學生總數的四分之一，留學國以美國居首。歷年來返國服務的留學生有顯著的增加。由表九可以看到在 1965 年以前，每年返國的留學生不及百人，1970 年以後則急速增加。留學生返國人數增加的主要原因之一，當然是國內就業環境之改善。

表九：出國留學生數與返國服務學生數

年	出國留學生數	返國服務學生數
1950	216	6
1956	519	67
1961	978	52
1966	2189	136
1971	2558	362
1972	2149	355
1973	1966	445
1974	2285	486
1975	2301	569
1976	3641	722
1977	3852	624
1978	4756	580
1979	5801	478

資料來源：中華民國教育統計，1980 年，表 12 及表 13，pp. 32-37。

最後，在此要提及的是都市化的現象。十萬以上人口的都市，早在 1951 年只有八個，到 1979 年則增加一倍多，達十七個。不僅如此，高雄市與臺北市都已是百萬人口以上的都市了。如以都市人口的百分比來看，臺灣省人口已有集中於大型都市之趨勢。由表十可以看出，在 1957 年只有百分之二十七的人口居住在十萬人以上的都市，到 1978 年已急增至百分之四十五；換言之，目前全省將近半數的人口是居住在十萬人以上的大型都市。這種急速的增長現象是可喜也是可憂的。

表十：十萬人口以上都市居民佔全省總人口百分比

1957	27.5%
1958	28.0
1959	28.3
1960	28.9
1961	29.2
1962	29.6
1963	29.7
1964	30.2
1965	30.4
1966	31.0
1967	33.6
1968	36.6
1969	37.3
1970	37.9
1971	38.6
1972	39.3
1973	41.4
1974	42.8
1975	43.9
1976	44.4
1977	44.8
1978	45.4

資料來源: Statistical Yearbook of Republic of China, 1979, Supplementary Table 3, p. 12.

在本節裏，我們已很簡單的把臺灣這將近三十年來的經濟發展及其他連帶的社會結構的變遷做了一個數量的描述。正如許多國內外專家學者都一致稱讚的，它的成就是可觀的，也是國人多年來辛苦努力的結果。臺灣的經歷不僅是世界上其他未開發國家及開發中國家的典範，更重要的是給中國未來的發展前途指出了一個可行的途徑方向。在下一節裏，我們將檢討臺灣現代化成功的原因，也將討論臺灣目前所遭遇到的幾個問題。

五、中國現代化的展望

本文的一個主要論點在於強調臺灣現代化是整個中國一百四十年來現代化努力的結晶。因此臺灣的經驗也替未來中國現代化的路程舖好了一條可行的途徑。

（一）以經濟爲重心的計劃現代化

臺灣現代化過程一個很顯著的特徵是計劃經濟的成功。由政府所發表的幾個四年計劃裏可以看出最初的幾期是純經濟的計劃，而最近的新計劃已推廣到社會文化方面的建設。這樣的作法是對的，因爲只有繁榮的經濟生活，才能有推行現代化的餘力。換言之，先工業化而後現代化不僅在理論上是可行的，而且是必須的過程。

（二）穩定的政治

臺灣現代化過程的成功，穩定的政治是一個相當重要的原因。清末民初各種工業化計劃之所以無法推廣就是因爲當時政治之混亂，內憂外患逼使政府無暇顧及經濟民生，同時朝令夕改，缺少長期的一貫性。從政府遷臺至今，臺灣政治穩定；因此政府才能按部就班的推行各種經濟工業化和社會現代化的計劃。這一點是其他開發中國家所缺少的。共產黨的中國大陸內爭不已，政令不行，至今仍然停留在三十年前的社會。

（三）有現代化眼光的政治領袖

臺灣現代化成功的另一個原因是政治領袖具有現代化的眼光與毅力。在前面，我們曾強調中國現代化運動是一種由上而下的革命運動。

現代化先由知識份子領導倡行而推及一般老百姓。臺灣這三十年來的由有遠見的政治領袖，由上而下的將經濟帶起，灌輸人民現代化的意識與概念。

（四）教育的普及

研究現代化的學者都強調教育在現代化過程中所扮演的重要角色。臺灣教育的高度普及，使工人階級容易接受新的工藝技術訓練，更使中上層的工商企業界領導人物具有知識程度以接納新的一般觀念和新的工商管理技術。教育的普及使臺灣絕大多數的人們都有求進步、不守舊、不頑固的精神，這種現代化的推展是很重要的。

（五）勤奮努力的人民

上述的四項因素固然重要，但是歸根究底還是要有一羣勤奮努力，刻苦耐勞的人們來推展政治領袖與政府所設計的計劃與政策。不論我們怎麼樣來分析臺灣現代化成功的原因，這一羣腳踏實地努力工作的一般老百姓決不能被忽略的。沒有這麼一羣基本的推動者，再多好的計劃，再多能幹的領袖，都無補於事。

（六）和諧的社會結構

開發中及未開發的非西方社會現代化努力所面臨的一個困難常是傳統社會階層的阻撓和反抗。現代化的概念和策劃常常不適合於傳統社會的結構，因此傳統社會階層份子的反抗常是相當的激烈。伊朗的土地改革計劃、印度的家庭節育計劃都遭遇激烈的反抗，臺灣傳統份子的勢力不強，一切現代化策劃都能較順利的推展。社會結構已有現代化所需要的和諧成份，這值得特別提出以供參考。

最近大家對未來現代化的發展的討論相當熱烈，報章雜誌都可看到這方面的論文專著和舉辦座談會。不過，很遺憾的，這些討論千篇一律的是哲學性的空談，公說公有理，婆說婆有理，爭吵不停，無補於事。

我們不否認現代化是一個哲學問題，但不應該只是空談。筆者個人的立場是要談中國未來現代化發展的趨勢方向一定要從中國整個過去一百四十年來的經驗來談，拿出證據來談。爲什麼以前現代化不成功？原因何在？爲什麼臺灣近二、三十年的努力就成功了，原因爲何？把這些因素瞭解了，把過去的經驗徹底的做一檢討，我們才能給中國的未來現代化指出一條路，甚或預測其方向及可能的成就。

過去一百四十年的歷史經驗告訴我們，中國現代化的成敗最主要的一個因素是穩定的政治。清末民初政治混亂，無法推展現代化。相反的，臺灣近三十年來的穩定政治下終於達到可觀的成就。因此，我們可以大膽的說，將來臺灣是否能繼續往前邁進，端賴一個穩定的政治。共產黨統治下的中國大陸如果想迎頭趕上臺灣，想踏進現代化的境界，其內部政治問題必須先解決。只是幾個在上位的高喊現代化是沒有用的，一定要有一個有效率的、健全的政治制度來配合才行。

清末民初及臺灣的經驗又告訴我們現代化應該有一全盤性的系統計劃。早期的洋務西化運動缺乏整體性，各種改革政策相互抵制，致成事倍功半。臺灣的計劃則是全盤性，以經濟爲重心，按部就班，以致成功。由臺灣的經驗，我們可以預測將來整個中國的現代化必須要從經濟起飛與工業化着手。只有富強繁榮的民生，才能顧及其他看不見的社會文化層面的現代化。

最後，我們必須注意到，並應設法解決這三十年來臺灣現代化所帶來的社會問題。這些包括：都市地區的人口過份集中，犯罪問題的日趨嚴重，家庭婚姻之可能解組問題，老年問題之日漸顯著，以及日益嚴重的能源問題與環境污染問題。這些問題的改善應該是今後臺灣現代化努力的工作重點。總而言之，臺灣在未來的發展應該由經濟工業化邁向社會現代化。

(本文原載於朱岑樓主編《我國社會的變遷與發展》，1981年出版)

臺灣與亞洲三華人社會之發展比較

——中華民國、中共、香港、新加坡

一、工業化、經濟成長、現代化

在日常的用語裏，人們往往把工業化、經濟成長、現代化等三個名詞相互交換使用。其實，這三個名詞代表着三種相關，卻非完全相同的現象。嚴格地來講，工業化（industrialization）係指在經濟生產過程裏機械動力與非人力資源使用的大量增加；最常用以衡量工業化程度的指標是在全國生產值中農業生產值比例的減少。工業化程度的提高通常可以導致經濟成長（economic growth）；代表經濟成長的指標包括國民生產總值的增加與國民所得的提高。現代化（modernization）則牽涉到社會裏經濟與非經濟各層次的全面性改變；一個現代化的社會應該有較高的國民所得、積極的政治參與機會，以及其他一般生活素質的提高與改善。

從上述這角度來看，我們可以把工業化、經濟成長、現代化三者視爲社會發展的三個階段。以圖表達則如下圖所示：

因此工業化是經濟成長的必要條件，而工業化與經濟成長又是現代化的必要條件。換句話說，沒有工業化，是很難有顯著的經濟成長；沒有經濟上的成長亦不可能達到現代化的。這種階段式的發展在第二次世界大戰以後第三世界國家的發展經驗裏是可以發現的。不過，有些國家順利地由工業化而經濟成長，而現代化；另外一些國家未能完成工業化階段，停滯不前；還有一些國家，雖能有經濟成長，卻未能更上一層樓，推廣延伸到現代化階段。

1940 年代與 1950 年代裏，我們可以看到亞洲的四個華人社會開始有所改變。中共在 1949 年成立政權於中國大陸，並於 1953 年擬定其第一期的五年經濟計劃；國民政府於 1949 年退居臺灣，推行三七五減租等一連串的土地改革政策，並於 1953 年實行其第一期四年經建計劃；新加坡在 1959 年獲得獨立；而香港則於該時期內吸收大量由中國大陸撤出的資本與資本家，爲其後來的經濟成長奠基。

雖然，德國社會學家韋伯 (Max Weber) 在分析傳統中華社會文化之後，曾提出工業化很難在中國出現。但是近年來，臺灣、香港、新加坡三地區華人社會的高度工業化與經濟成長，卻又說明工業化與經濟成長不僅可能在華人社會出現，而且也能達到快速的成功。更重要的是，臺灣、香港以及新加坡三地區的成就使得中共在中國大陸的落後經濟顯示出人爲的後天失誤重於先天傳統文化的不足。這又與中國大陸不斷的社會動盪互爲因果。在下一節，我們先把這四個華人社會在經濟與非經濟方面的發展做一通盤性的比較。

二、發展的量的比較

(一) 經濟發展

按照我們前面所提的階段性理論架構來分析，經濟發展的比較包括工業化與經濟成長兩方面。在工業化方面，臺灣、香港、新加坡等三個地區在 1982 年從事農業的勞動人口在全國勞動人口比例皆低於 20%，而中國大陸卻尙有 59% 仍然是農業勞動者。若從農業勞動人口比例來衡量這四個華人社會工業化程度，則顯然地以中共的中國大陸最爲落後，新加坡的 2% 爲首，香港的 3% 次之，臺灣的 19% 排名第三，中共殿後。

農業旣然是中共的主要產業，則其工業落後是不爭的事實，其國內經濟成長的緩慢以及國民所得的微薄，自然也就沒有什麼好讓人驚奇的了。關於經濟的比較，坊間文獻很多，由於篇幅的限制，我們不想多談。

(二) 教育發展

教育發展與經濟成長是汲汲相關的，而且也是一個國家現代化的主要指標。在衡量教育時，我們可以舉二個例子來比較：失學率與就學率。前者指人口中未受教育者之比例，後者則指就學年齡人口中在學者之比例。以 1980 年資料來看，六歲以上未受教育人口在臺灣約有 10%，新加坡 16%，香港 25%，中國人陸 34%。至於在 7 歲至 24 歲間人中之就學率比較來看，在小學程度期間的就學率，這四個地區就學率相差無幾，皆近乎 100%。但在中學年齡層，以 1981 年爲例，臺灣的就學率是 75%，香港和新加坡皆爲 65%，中共則只有 44%。在大學年齡層中，臺灣就學率是 12%，香港 10%，新加坡 8%，中共是 1%。可見在量與質上，臺灣的教育發展遠勝於其他三個華人社會。

有些社會學家相信教育程度是用來衡量一個社會現代化程度的最好指標。臺灣的高度教育發展不僅顯示臺灣已入現代化階段，而且在未來的經濟與文化發展上，也可預期這批受良好教育者將有所貢獻。另外，近年來留學國外而回國者對臺灣的政治與經濟發展已有顯著的成就，新加坡與香港亦然。中共的留學教育最近才大量開放，尚未產生重要效果。

（三）人口都市化

人口學家與都市社會學家相信在工業化與經濟成長過程中，人口會有集中都市的趨勢。這主要是因爲新的工業和工藝技術的發展往往是集中在都市裏和鄰近地區，就業機會增加；而都市生活亦往往成爲人們嚮往的一種生活方式。

新加坡和香港兩地，由於地方小，工業化的結果乃造成鄉村的消逝，人口幾乎全在都市內或鄰近區域內。在臺灣的情形較可看出工業化與都市化的相關。1960 年的都市人口約占總人口的 53%，但至 1982 年，都市人口已增至總人口之 75%。不僅如此，臺灣的都市人口也有趨向大都市集中的現象。根據王維林的估計，臺灣十一個大都市人口在 1940 年至 1978 年之間共增加了三倍以上，其中以高雄市和臺中市兩地區增加最爲突出，前者增加了 559%，後者亦增加了 565%。中共的中國大陸人口 1960 年時都市人口約占總人口之 18%，至 1982 年時雖有增加，亦只不過是 21% 而已。換言之，以中國大陸人口分佈來看，鄉村人口仍是相當龐大的。這一方面是由於中共工業化程度不高所致，另一方面則是由於政府對人民遷移自由的控制。不過近兩三年來，由於開放的經濟政策的影響，人口趨向都市之現象已在中國大陸逐漸引人注目。

跟人口都市化有關的另外一種現象是郊區化 (suburbanization)。新加坡和香港基本上就等於是兩個大都會區 (metropolitan area)，難以統計數目來分析。臺灣的資料可以看出臺灣近年來已有郊區化的趨勢。也就是說，人口已有由市中心往郊區遷移的趨勢。根據陳寬政的研究，臺北都會區人口平均每人對市中心點（臺北火車站）距離有愈來愈遠的趨勢。也就是說現在由市民居所至市中心的距離要比以前遠了，所需的交通時間因而增加。

（四）醫療衛生的改善

現代化社會裏的醫療衞生設施通常要比未現代化社會進步得多。工業化與經濟成長兩者與社會裏醫療衞生的發展是有相關的。

一個最常用以衡量社會醫療衞生狀況的指標是計算醫療衞生人員的增加率。以 1980 年資料來分析，每一個醫生服務病人人數在臺灣是 1,139 人，香港是 1,210 人，新加坡是 1,150 人，但在中國大陸則是 1,810 人。中國大陸的落後情形在護理人員跟病人人數比例上也可以看出來。在臺灣，每一個護理人員平均服務對象是 1,210 人，中國大陸是 1,790 人，香港是 790 人，新加坡是 320 人。無疑地，新加坡在醫療衞生人員的供應上是這四個華人社會之首，而以中國大陸居尾。

另外二個可用以衡量醫療衞生狀況的是社會裏人口預期生命餘年 (life expectancy) 的長短與出生嬰兒死亡率 (infant mortality rate) 的高低。臺灣在 1982 年時，男性預期生命餘年爲 70 歲，女性爲 75 歲；香港男性 74 歲，女性 78 歲；新加坡男性 70 歲，女性 75 歲；中國大陸男性 65 歲，女性 69 歲。從生命餘年來看，雖然中國大陸在這四個華人社會裏仍然最短，但若與其他低度開發國家的平均男性 55 歲，女性 58 歲相比較，仍然是進步的。

中國大陸比其他三個華人社會落後最明顯的是在嬰兒死亡率上。臺灣的嬰兒死亡率（千分比）在 1982 年是 16，香港是 10，新加坡是 11，而中國大陸卻高達 67。

從上述的幾項比較，中國大陸的醫療衞生方面是沒有其他三個華人社會進步的。

籠括地說，此四個華人社會在過去二十幾年來皆是有進步的。但是我們卻不能說它們皆已進入現代化階段。無論從經濟或非經濟的層面來看；臺灣、香港、新加坡等三地區是已進入現代化階段。中國大陸則剛進入工業化時期，其經濟成長近年來雖有所表現，但仍難以說是「穩定持續的成長」。至於社會層面的改善，並不顯著。

三、發展經驗之異同點

很明顯地，臺灣、中國大陸、香港、新加坡等四個華人社會在發展過程裏具有類似的經驗，但也有相異之處。

在經濟方面，除了香港以外，這些華人社會皆施行某種型式的經濟計劃。中國大陸實行共產主義全面控制的強制式，統一式計劃經驗，由政治支配經濟發展。臺灣和新加坡的經濟計劃雖由政治指導，但仍能顧及市場特質而擬定，較具彈性。香港因是英殖民地，其經濟最具彈性與自由。

臺灣、香港、新加坡的經濟發展過程裏皆以外銷爲發展重點。中共則因閉關自守，未能把握外銷市場以培養國內生產。一直到近年來才開始重視外銷性產業之開發。

雖然如此，這四個華人社會有二個經濟上的共同特點，那就是失業率低與物價膨脹幅度小。這兩者在其他開發中國家裏是常見的困擾。既使以韓國那樣成功的經濟成長裏，物價膨脹率一直高於此四地區。

在政治方面，除了香港之外，其他三個地區皆有一個勢力強大的政黨指揮領導經濟與社會發展。中國大陸是在中國共產黨的完全統治裏，臺灣的中國國民黨是政黨當中最具勢力者，新加坡的人民行動黨在李光耀的領導下更是一黨獨大。一黨政治在第三世界發展過程裏並非全無是處。臺灣的中國國民黨和新加坡的人民行動黨在過去三十年間皆扮演了一個正面的角色，因爲它們爲經濟與社會的發展提供了一個穩定具有效率的官僚組織，領導和推行現代化的發展。這種「監護式的民主」（借用劉平鄰教授的用語）實際上要比美國式的民主在第三世界國家的現代化過程裏更能發揮效果。

中共雖然比新加坡和臺灣更是一黨獨大，但卻未能發揮其正面功能，原因是：(1) 中共的發展政策太過份重視由上而下的觀點和利益，未能顧及民眾的意願；(2) 中共的領導整合程度不夠，不斷鬥爭的結果，未能給既訂政策一持續性的支持。朝令夕改，雖有計劃，未能貫徹。

香港雖無一個有力的政黨，但是英國官僚體系提供了香港一個可以依靠的穩定指導方針。自由經濟是香港近二、三十年來的經濟政策，穩定的政治維護自由經濟的充分發揮。

因此，政治的穩定與政治領導份子的正面積極角色，是臺灣、香港、新加坡等三地區發展成功之主要原因之一。臺灣在蔣經國領導下的中華民國政府，新加坡在李光耀的人民行動黨的積極參與下，香港的英國殖民官僚體系更是經濟發展的支柱。中共經濟之起伏不定原因之一正是缺乏上述因素的支持。

臺灣、中國大陸、香港、新加坡皆是由華人組成的社會，雖然在政治上有所不同，但是其受中華傳統文化的薰陶則是不爭的事實。這些地區的社會規範、行爲準則仍然有很深的中華色彩。對家庭的重視、人民的勤奮、節儉，以及教育的普及性皆有着濃厚的中華文化色彩成份。而儒家所強調的彈性人際關係以及社會整合，更是這四個華人社會的潛在價值指導原則。我們或許可以說，臺灣、新加坡和香港等三地區經由政治領導份子的努力把這些潛在有助於經濟發展的成份充分發展出來，形成一股積極的力量推動社會向前發展。中國大陸的這些可貴的因素仍然隱而未顯，尚未能發揮應有效能。因此，中國大陸比其他三地區落後甚多。

四、「中華模式」

近年來，常聽見人們談起「臺灣模式」或「新加坡模式」，用以顯耀這兩個地區的經濟成長與社會的進步。但是從我們在上面的比較討論裏，我們應該可以說是「中華模式」。因爲這四個華人社會皆受中華文化的薰陶，它的優點在臺灣、香港、新加坡等地積極發生正面的功能，而它的缺點則經由中國大陸的落後而表露無遺。因此，這「中華模式」不僅給其他第三世界國家正面的發展經驗，而且也給他們負面的教訓，值得他們借鏡警惕。

這個「中華模式」的發展經驗是：

第一、文化因素是不可忽視的。中華文化裏的重家庭、尊勤儉、教育與社會整合等成份是有助於經濟發展與社會現代化的。但是這些成份必須要有一強而有力的社會菁英階層將其由潛在而引導發揮。

第二、強有力的政治領導份子，不僅能發掘文化的潛在能力，而且提供一個積極有效率的官僚體系，推動政治、經濟及其他各方面的改革。

第三、經濟成長必須有穩定政治爲背景，而長期的政治穩定則必須建立在良好的經濟環境裏。兩者汲汲相關，互爲因果。而且，很明顯地，要達到現代化所要求的全面性改革，經濟成長是先決條件。

第四、任何第三世界國家的發展過程裏必須注意到其與整個世界體系之間的相關。閉關自守，不僅無法達成經濟成長，而且亦危及政治與社會的穩定。

第五、過份極端的民主政治或專制政府皆不適合於經濟成長和現代化的推動。「監護式的民主」能提供一個有效率的政治體系：一方面容納人民意願，另一方面積極指導社會經濟的發展。

第六、中產階級在發展過程中有其不可忽視的角色。因此，社會必須鼓勵並促成中產階級的出現、擴大與成熟。社會流動的允許與社會參與機會的增加是中產階級出現和成形的兩個必要條件。

總而言之，臺灣的發展過程在過去三十幾年裏和香港、新加坡有不少相同的特質，而此三地區與中國大陸之相異處正是中國大陸未能與此三地區齊頭並進的原因。這四個華人社會發展的經驗也許可以給其他第三世界國家提供一個正負兼俱的模式。

現代化的社會制度與社會生活一直是二次大戰以後許多未開發國家所企求的一種理想。這些國家裏的人民把現代化與富裕的經濟生活相關聯，而其政治領袖與知識份子又把現代化與國家的獨立自主相提並論。因此，追求現代化的社會已成人們努力的目標。但是事實上，從二次大戰以後迄今，那麼多爭取現代化的國家裏，眞正能成功的進人現代化階段者並不多。臺灣、香港、新加坡三地的成就因此是值得再三稱讚的。

如果單以臺灣、香港及新加坡三地區來比較，則我們必須相信臺灣所遭遇的困難是比後者兩地嚴重些。究竟它們只不過是兩個大都會區彈丸之地而已。而且它們在國防軍事的壓力也不是那麼大。過去三十幾年裏，臺灣能克服困境，順利地工業化，而導致經濟成長，再進入現代化社會，是相當可佩的成就。今日臺灣人民生活素質的昇高，就是這個成就的表徵。

當然，進入現代化階段並不代表完成現代化階段。現代化是一個動態的過程，是一種不斷求新求改善的過程，也是一種在已經有良好基礎上再更上層樓式的社會進步過程。臺灣、香港、新加坡因此在進入現代化階段後亦遭遇新的問題。人口都市的過份集中、環境污染、犯罪率的提高與犯罪型態的改變、交通問題的嚴重性等等皆是必須要妥善處理。由於篇幅的限制，我們無法討論這些現代化的代價。不過我們在此想提醒讀者，這些問題的出現並非完全出乎預料之外，現代化的過程畢竟會牽涉到社會裏各層次的變遷與分化，而每一個層次的變遷分化程度與速度並非完全一致，有高低快慢之別，在新的整合出現之前，欠缺一致與協調是可預見的。只要政府與人民能同心協力來處理這些問題，社會就可以再往前邁進，更進步、更發展。

(本文原載於美洲時報周刊第二〇四期，1986)

中共與臺灣現代化之比較

一、歷史的回顧

近百年來的中國現代史可以說是現代化努力的掙扎史，有無數的血汗和挫折，同時也有肅穆和成就。在這漫長的過程裏，我們不僅體會到中國傳統社會結構與文化的掙扎與變遷，我們也經驗到世界列強對中國命運的掌握與干擾。

如果我們把這一段歷史加以回顧，我們大致上可以分爲四個主要的階段。

（一）第一階段：被動式的局部西化運動

我國現代化過程的一個不可忽視的特徵是其被動性。現代化源始於十八世紀的歐洲，由工業化經濟體系的改變，而進展到社會政治體系的現代化。這些變遷是歐洲社會體系的內部分化演進的結果。但是我國十九世紀中葉之所以尋求現代化乃是外來因素的結果。現代化所牽涉到的特質是外來的東西。因此，我國最初尋求現代化的動機是被動的，所欲變革的也因此只是局部性的。這個階段大致上可以從 1840 年至1842 年間的中英鴉片戰爭起，一直到 1894 年中日甲午戰爭之前一年止。李劍農在其所著之「中國近百年政治史」裏指出：「中國需要模仿西洋的動機，最早起於鴉片戰爭結局時……因爲鴉片戰爭的挫敗，知道夷人也有夷人的長技，非中國人所能及，非師其長技不足以制之。」西洋船堅砲利是不可否認的事實。曾國藩與李鴻章更是親身經驗過。曾李兩人深信「中國但有開花大砲輪船兩樣，西人卽可斂手。」因此，一連串的洋務措施在曾李兩人之督促下連續展開。這些包括：上海的江南機器製造局、福州馬尾的輪船製造局、天津的機器製造局、天津的水師學堂、開平的礦務商局、旅順港的興築、天津的武備學堂、北洋艦隊的成立，以及鐵甲兵船的購買。

很明顯地，這一階段的現代化運動所牽涉的範圍僅限於軍事兵工方面的改革。造船、製械、築港、設武備學堂等等，皆是爲「轉弱爲強之道，全由於仿習機器」之目標而設。這階段的現代化運動是被動的，是出於不得已的防禦性的；這階段的現代化運動也只是局部性的，所牽涉的範圍亦僅及於軍事兵工而已。不幸的是，中日甲午一戰證明軍事兵工的局部性西化是不夠的。

（二）第二階段：維新與革命

這一階段大致上始於 1895 年中日甲午戰爭至 1911 年辛亥革命爲止。研究中國現代史的學者大致上同意，中日甲午戰爭是中國由局部西化運動而轉向急速全盤西化的轉捩點。曾李辛苦經營的二十幾年洋務至此證明完全失敗，那些原本反對洋務運動的士大夫至此也不得不承認敗於日本小國是一奇恥大辱。局部革新和西化已不足以圖存，唯有廣泛的通盤性維新，才是自救之道；船堅砲利不足以禦抗外侮，社會政治的改革才是根本之道。康有爲在 1896 年發起「公車上書」痛陳改革救亡的辦法；孫中山則於同年在香港成立興中會謀求推翻滿淸政權。

康有爲在光緒皇帝的支持下，從 1898 年四月開始，推行新政，包括：廢八股、試經義策論、學堂中西兼習、澄淸吏治、廣開言論、裁減冗兵、籌辦鐵路開礦。但是康有爲的維新運動在慈禧太后與榮祿、剛毅等守舊大臣的反對下，遭受失敗的命運，這就是史稱的「百日維新」運動的結局。維新運動的失敗激使有志之士轉而支持與參與孫中山領導的革命運動。1911 年武昌起義，終至推翻滿清，亦給中國的現代化努力帶來一個新的希望。

概括這一階段的努力，我們可以看到中國現代化運動已由原先以洋務運動爲中心的局部防禦性軍事兵工洋務，轉進至廣泛的社會政治改革運動；由康有爲的體系內改革延伸到孫中山的全面性革命。

（三）第三階段：民國的徬徨

這一階段始自 1912 年民國政府的成立至 1949 年中共政權之成立與國民政府的遷臺爲止。其最大特點是現代化學說百家爭鳴及現代化措施的雜亂無章。在這一階段裏，我們看到民國初年政治不穩定、軍閥橫行、新政推行之缺乏一貫持續性。短命的內閣根本無能力擬定一長遠的現代化計劃。知識界裏則充滿各式各樣的學說：全盤西化、復古運動、資本主義、社會主義、共產主義、無政府主義、君主立憲、民主主義、民權主義等學說，爭鳴一時。當政者無所適從，朝令夕改，致使現代化一事無成，民不聊生。更嚴重的是造成新舊士大夫知識份子間激烈的衝突。社會各階層之間之差距愈演愈大。

這一階段的徬徨，很明顯地，民國初期的政局有相當大的關聯。從民國元年至民國十七年的北洋政府裏，七位國家元首皆爲軍人出身：袁世凱、黎元洪、馮國璋、徐世昌、曹錕、段祺瑞、張作霖等皆爲擁有兵權之實力派者。三十二位北洋政府國務總理內有十二位是軍人出身。卽使是國父孫中山在廣州的軍政府，亦不斷遭受陳烱明之流軍人之干擾。

軍人與政客的勾結，再加上知識份子的競倡學說，導致這一階段政局與社會的不安，也因此而造成現代化計劃之無法推展。朝令夕改，政策缺乏長期的持續性。由民初軍閥混戰，而至中日二次大戰，終至國共內戰，現代化進展很少。

這一階段裏，稍有少許成就者應是 1927 年至 1937 年間的十年，就是北伐完成至中日戰爭之前的一段期間，短暫的統一局面促成交通建設的進展，鐵路公路里數的延長，全國銀幣的統一，海關稅則與內外公債之改革，西南西北各省地下資源之調查，各級學校之擴增。這些「成績」得來不易。不幸的是，繼之而來的是二次世界大戰，以及戰後國共內戰，中國現代化再次受到一次重大的挫折。總而言之，這一階段雖非一事無成，徬徨迷惑卻是不爭的事實。

（四）第四階段：海峽兩岸的消長

1949 年以後的中國在現代化的過程裏出現了兩個很顯著的對照：國民黨執政下的臺灣由一個純農業社會而進入工業社會，由貧窮而富裕；中國共產黨統治下的中國大陸，經濟仍然停滯在貧窮落後的地步。這一階段的最大特色是國共雙方各自按其眼光與計劃展開改革運動。三十幾年後，成敗的比較，顯而易見。這一階段的另一特色是政治領袖所扮演的角色的重要性，明顯而突出。臺灣的中華民國政治精英在穩定的政治下執行一貫性的經濟發展計劃，而中國大陸閉關自守，在短見的領導者統御下，經歷不斷的鬥爭與苦難，無論在經濟或政治上卻缺乏可觀的成就。這些尖銳的對比，我們在下一節將詳細討論。

綜觀中國自鴉片戰爭以來，將近一個半世紀的現代化努力，始自於被動局部的西化洋務兵工，而演變到今日臺灣的工業化經濟與中國大陸的「四化」運動的努力。我們可以預見現代化運動不會就此不動，會持續下去。尤其最近這三十五年海峽兩岸的經驗將成今後發展的指導方針。

二、中華民國在臺灣的現代化經驗

瞭解過去的歷史是展望未來的必備要件。在上一節，我們把過去一個半世紀的中國現代化歷史做描述的主要目的是幫讀者做比較海峽兩岸的現代化的準備。這一節我們將專注中華民國在臺灣的經驗。

中華民國在臺灣的經濟發展努力可追溯至 1949 年遷臺後之土地改革計劃。由 1949 年的三七五減租起，經 1951 年的公地放領，1953 年的耕者有其田，而改革農村社會，改善農民生活。此時期成立的中國農村復興委員會協助政府培植訓練農村基本幹部領導人材。「以農業培養工業，以工業發展農業」政策指導原則下，農業一方面提供工業發展所需的資金與原料，另一方面農村亦構成了工業產品的主要市場。政府在 1953 年開始實施第一期四年計劃，作有系統的發展臺灣工業。從 1953 年至 1974 年，連續實施了五期四年經濟計劃，1976 年開始一個新的六年經濟計劃以適應能源危機後之世界經濟蕭條，並配合一項十項建設計劃，大大改善了臺灣的公共設施。1982 年又擬訂了一個十年經建計劃，推行十二項建設，以「加速工業、交通及電力的進展，同時還爲促進農業、社會及文化的發達。」

在這一連串的經建計劃指導下，臺灣的經濟和社會各方面皆有了顯著的發展和改善。在經濟方面，經濟成長率在 1950 年代平均每年大約是百分之八，1960 年代約爲百分之九，1970 年代雖因能源危機，仍有百分之十左右，1980 年代至今，雖呈減緩現象，但 1986 年已再重現好景。全國生產毛額由 1951 年的 2,110.5 百萬美金增至 1981 年的 20,576.7 百萬美金。平均國民所得每人由 1951 年的 246 美元增至 1981 年的 2,570 美元。在產業結構上，我們也可以看出由農業轉向工業的過程。非農業人口由總人口的一半左右而增加到 1981 年的百分之七十二左右。同時工業產額在全國總生產總額之比率亦由 1951 年之百分之十三，增加到 1981 年之百分之四十三。近年來由於外貿事業之擴張，外滙存底大量增加，國富民豐已成不爭之事實。也因此，臺灣的經濟成長一直是世界各國專家學者政府官員再三稱讚的典範和奇蹟。

但是中華民國在臺灣的成長，不僅僅只是經濟和財富方面的增加，其他非經濟層面的社會、教育、文化等的進步也是同樣可觀的，值得大家的重視。以 1985 年爲例，臺灣非經濟方面的社會指標包括：粗出生率約爲千分之十八，粗死亡率爲千分之五；生命餘歲數男的達七十歲半左右，女的更達七十五歲半以上；失業率爲百分之三；六歲以上未識字率爲百分之八點四；九年的國民義務教育；在醫療方面，每一萬人口數就有三十四點四二位醫務人員，三十六點七七座醫院病床位數；每一百戶家庭裏有約九十七座彩色電視，九十八點八座電冰箱，八十三架電話，七十八點五架洗衣機，一百零一架摩托機車，十二部汽車；到國外旅遊觀光人數也已增至八十五萬人數左右；非農業受雇人員每月工作時數也減低到二百小時左右。這些數字雖然不能說完全跟英美日先進國家的生活素質完全平等，但是跟三十年前的臺灣社會比較，或者跟世界上絕大多數國家比較，已是相當可觀。今年（1986）十月十五日國民黨中常會決定解除戒嚴與開放黨禁將使臺灣的現代化更進另一高境界。

總之，中華民國在臺灣地區的改革不僅是經濟上的國富民豐的物質生活的改善，而且也是政治社會文化等方面的生活品質的昇高，是廣層面與深程度的改變。

三、中共在大陸的現代化經驗

中共在中國大陸建立政權後的經濟策略發展是劇烈的搖擺不定，有人稱之爲海浪式的波動，時高時低，缺乏一貫持續性的成長。中共從1953年起開始實行第一個五年計劃到1985年9月間宣佈的第七個五年計劃，雖然表面上看來，有條有理，也包羅萬象，但是由於計劃設計上的缺失和政權的不穩定，一直未能達到其應有的效果。經濟學家鄭竹園教授把中共過去的經濟發展策略演變分成八個階段：(1) 1953-1957 第一個五年計劃（史達林模式），(2) 1958-1960 大躍進（毛澤東模式），(3) 1961-1965 調整（赫魯雪夫型的修正主義），(4) 1966-1970 文化大革命（毛澤東模式），(5) 1971-1975 調整（3、4 兩種模式的結合），(6) 1975-1976 四人幫時期（極左模式），(7) 1977-1978 新大躍進（2、3 兩種模式的結合），(8) 1979- 現在：調整（1、3 兩種模式的結合。鄭教授的階段式討論與西方學者的分期很接近。雖然他們之間的重點不完全一致，但是他們皆同意中共過去經濟策略起伏不定的特點。例如第一個五年計劃裏高度經濟成長，集中大量資源發展工業，產生了 1950 年代西方經濟學家對中共模式的驚訝與敬佩，紛紛以其爲第三世界發展的模範。但是1958年至1960年的大躍進破壞了農業和工業，造成大饑荒。1961 年至 1965 年的調整才剛把經濟危機舒解，卻又緊跟上 1965 年以後的十年文化大革命的動亂，元氣大傷。1975年周恩來向第四屆人大提出了一個新的發展國民經濟新綱領，提倡農業、工業、國防和科學技術的現代化。這個綱領在四人幫倒臺後，由鄧小平積極推行，成爲今日人所眾知的「四個現代化運動」，中共的經濟在「對外開放，對內搞活」的原則下調整改革農村與城市體制，建立經濟特區與開放沿海城市以吸收外資與技術。近年來的經濟改革成效最顯著的是農村經濟的復活。農業總產值平均增長率比 1950 年和 1960 年代要提高很多，農村的購買力提高，農民生活有了初步改善。在工業方面，輕工業有相當顯著的增長。

但是這幾年來的經濟改革也並非毫無流弊，最明顯的是財政上出現巨額赤字和物價的持續上漲，致使人民幣大幅貶值。另外，由於農村經濟的復甦和個體戶、專業戶的發展，收入顯著提高，導致財富所得分配的顯著差距的擴大。中共的「均貧」所造成的平等假象開始破壞，貧富之別的階級明顯化趨勢清楚。

中共這幾十年來的經濟計劃和專制的由上而下的統治方式，到底爲大陸人民帶來了一個怎麼樣的物質和非物質上的生活品質呢？以中共國家統計局編的 1984 年版中國統計年鑑的資料來看：總人口是十億二千五百萬左右（跟 1949 年人口數比較，增加了一倍）。平均國民所得是 458 元人民幣（若以當年美金一元大約合人民幣二元來換算，大約是美金每年平均所得 229 元）。人口平均預期壽命按 1982 年第三次普查資料是男 66.4 歲，女 69.3 歲。粗出生率是約千分之十八點六，死亡率是千分之七點零八。有百分之七十七人口住在鄉村地區，百分之二十三住在市鎮地區。每百人擁有 15.4 輛自行車，每萬城市人口擁有 3.8 輛公共汽車。每百人有 3.5 部電視機，20.9 部收音機。每萬人口有 11.8 個大學生。每萬人口有 20.7 張病床，13.3 位醫務人員。平均每人儲蓄存款額是 87.5 元（合美金 43.7 元左右）。平均每人每年布消費額是 53.6 尺。

四、海峽兩岸的經驗比較

從上面的統計數目上來比較，中國大陸與臺灣在經濟和非經濟層面的成長皆有很顯著的差距。臺灣在前，大陸在後是明顯的事實。那麼有一個必須要加以討論的題目是：爲什麼在 1949 年以後，當國共雙方都發展現代化時，會產生這麼大的差距呢？首先讓我們看看國共雙方在

1949 年以後的發展過程中相同的特點：

第一：國共雙方在 1949 年以後的經濟發展皆是一種計劃式的發展方式，一種由國家擬定的發展步驟。雖然在計劃的目標和實行的方式上有所差別，「經濟計劃」一直是國共雙方的策略。

第二：國共雙方的經濟計劃都始於 1950 年代初期。中共的第一期五年計劃和臺灣的第一期四年計劃皆始於 1953 年。所以說海峽兩岸的起跑時間是一樣的。

第三：國共雙方的發展計劃皆自農業着手，而且也自土地改革開始，以農業培養工業是初期的重點。只不過大陸的方式較激進，且很快就放棄農業轉注重工業。

第四：國共雙方的發展計劃在初期完全是一種由上而下的計劃方式。也就是說，上面要怎麼做，計劃就怎麼訂，人民的參與微不足道。因此，在上者的眼光決定計劃內容和發展方式。

第五：國共雙方發展初期皆有外來的經濟和技術性援助。中共有蘇俄的援助，臺灣則有美援的協助。

但是這些相同點其實還是很膚淺的，中共與臺灣之間的不同點乃導致了雙方不同的現代化效果。這些不同點包括下面幾項：

第一：政治因素。臺灣與大陸這三十幾年來最大的一個不同點是政治穩定與否。臺灣的政治領導權力沒有遭遇嚴重的挑戰，而且權力的轉移亦未發生困擾，因此政治穩定。相反地，中共在大陸的政治領導權力及其轉移問題，高潮時起，由毛澤東而劉少奇，一直到今日的鄧小平，無一不經過大風大浪。政治權力的不穩定，導致大陸經濟發展計劃之缺乏一貫性，是大陸經濟社會落後臺灣的最大因素。

第二：管理人員素質的不同。我這裏所指的管理人員是指地方單位基層幹部的素質問題。因為中央擬訂的計劃必須由地方幹部執行才能推展，因此他們對政策之成敗有直接的影響。中共在 1950 年代時期，解放軍扮演了基層幹部的角色，雖然給大陸很快地帶來了穩定的政治局面，但是解放軍很多是教育素質差的，安定地方秩序有餘，但推行地方建設則不足。在臺灣，日本占領期間對地方行政單位已建立了一個良好的官僚組織體系，效率高，且幹部大多具有良好的教育，在瞭解與執行政策上，相當成功。在大躍進時，中共地方幹部常以少報多，近年的四化運動下，其幹部則流行以多報少以爭取上面支援。這種矇瞞上面的做法，皆可能導致上面決策者的誤差。

第三：物理環境問題。大陸地方大，人口多，以極少的資源難以完全滿足各地平均發展的需要，有顧了東就顧不了西的困境，重點城市可能發展了，可是其他的卻顧不了，有限的資源限制了全面性的發展。臺灣雖然資源比大陸還少，但地方小，人口也較少，資源較能集中運用，由中央控制統一指揮和建設，較有效率。

第四：發展計劃的連貫性。大致上來講，大陸近三十年來的發展是一種波浪型的。一下子搞大躍進，一下子又是農業學大寨、工業學大慶，沒有一定的方向。而臺灣倒是能按部就班的有一套長期性的發展方向，較能有成果。另外，跟這一點相關的是，中國大陸在解放後，先搞社會革命，剷除舊勢力，忽略經濟的重要性；而臺灣則自始即以經濟改革爲目標，社會改革則是後來的事，經濟掛帥的政治系統在臺灣是很明顯的。

第五：人民工作意願。中國大陸的社會主義政策要求資源與報酬全由國家統一支配。因此，一直到最近的經濟改革前，人民無機會多得報酬，亦無機會因財富而提高自己或家庭的社會地位，導致工作意願低落，有大鍋飯吃就好了。但是在臺灣，一個人只要努力就可以有改善本人和家庭的生活環境的可能，而且經由財富的累積和教育機會的取得，提高個人和家庭的社會地位，工作意願亦高。大陸的階級是由權力所支配，是一種由上而下的階級分配；臺灣則有財富決定社會階級的傾向，財富可由個人爭取，因此提供人們求上進的機會。大陸與臺灣人民工作意願的差別，也是海峽兩岸發展速度不同之原因。

第六：外援的不同運用。雖然中共和臺灣在初期皆有外援。但蘇俄對中共的外援停止的早，而且蘇俄實際上並沒有提供中共在發展期間所需要的市場。相反地，美援在臺灣具有兩種意義。一方面提供資金和技術，另一方面則提供一個相當大的外銷市場。1950 和 1960 年代的世界貿易對輕工業產品需求量大且少限制。臺灣的發展趕上了這個國際貿易時代。而中共當時的發展是以重工業爲重點，沒趕上時代，坐失良機。雖然 1970 年代晚期和 1980 年代，中共開始發展輕工業並強調外銷，卻已無當年之好時光。

第七：社會穩定因素。中國大陸在 1960 年代至 1970 年代所發生的文化大革命所造成的社會動盪和人力的折磨，無法估計。這文化大革命不僅把中共在早期所製造出來的一些小成果悉數破壞，更糟糕地是造成今日中共中層幹部裏一種怕做事，怕負責的心態，不敢放心積極領導。臺灣這三十幾年來社會的穩定對整個經濟和非經濟方面的現代化提供良好的基礎。

五、結　論

1982 年，我在哈爾濱參加一個醫學社會學會議時，曾對參加講習的 120 位左右的中國大陸醫生與醫院管理人員做了一個非正式的調查。其中一個問題是：那一種制度上的改變是四化運動最需要的？我列舉了二十種，讓他們按重要性排。結果是：(1) 穩定的政治，(2) 加強科學管理訓練，(3) 普及教育，(4) 實行社會主義經濟政策，(5) 開發資源，(6) 減少人口壓力，(7) 發展全國交通，(8) 專家政治，(9) 鼓勵對外貿易。另外一個問題是：那一種人員是四化運動最需要的？排列結果前五種人員，依序是：(1) 有現代化眼光的政治領袖，(2) 科技人員，(3) 教育家，(4) 經濟學家，(5) 管理人才。

雖然我這個調查結果並不能算是科學的研究結果，但至少可以反映一羣受過相當教育的醫生與醫院管理人員的看法。在政策方面，穩定政治排第一；在人員方面，有現代化眼光的政治領袖爲首要關鍵人才。這兩項正是過去三十幾年來中共之所缺，卻正是臺灣之所長。近年來，鄧小平的各項改革措施亦正是針對這種缺失而設計。如果能持續推行，將能大大改善中國大陸人民的生活和社會文化的發展。目前所產生的種種問題：犯罪、貪污、濫權等問題正是中共新政策的考驗。能否順利渡過這轉移時期的困境，將影響中共未來的步調和發展方向。

中國的現代化努力自清末的鴉片戰爭起，一直到今天，所經歷的漫長過程，充滿挫折與苦難。中華民國在臺灣的現代化努力必受歷史的肯定，而更重要的是給海峽的對面提供了一個經由中國人模塑出來的典範。以往，反對現代化者常以現代化是西方的東西，不適於國情爲藉口。但是，臺灣的經驗證明，中國人還是可以做到現代化的。也正因此，我們相信經由現代化的努力，海峽兩岸的距離將縮短。社會學理論裏有一聚同論，這理論指出：當不同的社會朝現代化發展後，其間的差異性會減少，同質性會增加。這現象亦必然會發生在海峽兩岸的。一個現代化的中國，無論是臺灣或中共，應該不僅是經濟上的起飛（中共）或繁榮（臺灣），而且是政治社會各層面的改善。這是所有中國人應追求的目標。

（本文原載於美國世界日報十二月二十八日「世界論壇」版，1986年）

從經濟學臺灣到全面學臺灣

——兼論中國統一問題

一、前　　言

沒有一個中國人不希望自己的國家強盛、富裕、民主，也沒有一個中國人不希望自己的國家能從落後和貧困的境界提昇到進步的文明。中國從十九世紀中葉以來，一直是受人欺凌的對象，不僅西方列強存心瓜分中國，連東鄰的日本都幾乎逼使中國就範，淪爲其殖民地。清末朝野的無能和民初軍閥的混戰使得本已積弱的中國更無暇顧及外來的侵侮。國民政府在大陸期間，連年戰亂，內憂外患，民生建設之落後自不在話下。從歷史的角度上來看，從1950年代至1980年代的這三十幾年間，雖然臺灣海峽兩岸國共對立，但是卻也是中國近代史上難得一見，不動干戈的一段時期。海峽兩岸同樣的中國人，同樣的中國文化，卻在這三十幾年間模塑出兩個不同發展程度的社會。在臺灣的中國人經過三十幾年的努力，正享受着高度的自由和富裕，而在中國大陸的中國人卻仍在徘徊於貧困和權力鬥爭之間。

本文的目的並不在揚臺灣而貶中國大陸。我們是希望經由海峽兩岸的不同發展經驗，給所有的中國人找出一個可以共同努力的方向。基本上，本文包括四項討論：（一）海峽兩岸以往發展經驗的異同；（二）中共的四化運動與經濟學臺灣的努力；（三）海峽兩岸社會發展的聚同趨向；（四）中國統一的可能途徑。

二、海峽兩岸發展經驗的異同

一個大家所知道的事實是臺灣在經濟發展上要比中國大陸進步很多，海峽兩岸的差距亦是相當地大，其實國共雙方在過去這三十年裏亦非完全沒有類同的地方。下面這幾點是值得一提的：

第一，國共雙方在 1949 年以後開發經濟的方法皆是以計劃來指導爲原則。一種由中央擬定的經濟發展步驟，雖然在計劃的目標和實行的方式上有所差別，「經濟計劃」一直是國共雙方的策略。

第二，國共雙方的經濟計劃皆始於 1950 年代初期。中共的第一期五年計劃和臺灣的第一期四年計劃皆始自於約 1953 年左右。所以說，海峽兩岸的起跑點時間是幾乎完全相等的。

第三，國共雙方的發展計劃皆從農業改革着手，而且也以土地革命爲發展農業的刺激素。以農業培養工業是國共雙方初期的重點。只不過中共的改革方式較激進，且很快就放棄農業而全力轉投注工業。

第四，國共雙方的發展計劃在初期完全是一種由上而下的計劃方式。也就是說，上面要怎麼做，計劃就怎麼訂，人民的參與微不足道。因此，在上者的眼光決定計劃內容和發展方式。

第五，國共雙方發展初期皆有外來的經濟和技術性的援助。中共有蘇聯老大等的援助，臺灣亦有來自美國的美援。

第六，國共雙方雖然政體上的差別，海峽兩岸皆係自傳統中國文化，亦皆有辛勤能克苦耐勞的老百姓。

上面這些相同點證明國共雙方在經濟發展的經驗中並非完全背道而馳的，有些地方還是類同的。但是這些類同條件並沒造成兩個等速發展的經濟社會，自然是不同點扮演了舉足輕重的角色。這些不同點包括：

第一，政治體制的不同。臺灣與大陸這三十幾年最大的一個不同點是政治體制下的穩定問題。臺灣的中華民國領導權力至今沒有遭遇過嚴重的挑戰，權力的轉移由蔣中正而蔣經國亦沒發生權力鬥爭的困境。國民黨內領導階層雖有派系存在，卻能在最高領袖的統一領導下相安無事，和平共存。因此，政治穩定，使經濟計劃能在一貫性的長期作業裏發生應有的效果。相反地，中共在大陸的政治領導權力及其轉移問題卻高潮時起，由毛澤東而劉少奇，一直到今日的鄧小平，無一不是必須經過大風大浪式的鬥爭才能站穩的。政治權力的不穩定，導致大陸經濟發展計劃之欠缺一貫性，也造成人民和基層執行幹部對計劃的信心動搖。

第二，管理領導人員素質的不同。我這裏所指的是地方單位基層幹部的素質問題。因爲中央擬訂的計劃必須由地方單位的領導份子執行才能推展，因此這些人對政策之成敗有直接的影響。中共在 1950 年代時期，人民解放軍扮演了地方基層幹部的角色，雖然在極短的時期給大陸帶來了穩定的政治局面。可是解放軍幹部素質不齊，安定地方秩序有餘，但推展地方建設則顯不足，再加以中央遙遠，天高皇帝遠，逐漸由建設而轉變爲破壞。在臺灣，日本占領期間在地方上已建立了一個效率高且有組織的地方官僚體系，而且基層幹部皆受過良好的教育，素質整齊。因此在執行中央交代下來的政策時，相當貫徹和積極。臺灣地方又小，做到了上令下達的效能。

第三，物理環境問題。大陸地方大，人口多，以極少量的資源來支持這樣龐大的國家是相當困難的。旣使有心發展，亦難以完全滿足各地平均發展的需要，總有顧了東就管不了西的困境。因此在策略的出發點上就不得不有所謂「重點項目」、「重點城市」、「重點學校」的情形出現。有限的資源限制了全面性的均衡發展。在臺灣，雖然資源比大陸少得多，但是地方小，人口也較少，比較能夠集中運用這有限的資源，由中央控制和統一指揮，有高度效率和成就。

第四，發展計劃的連貫性問題。大致上來講，大陸近三十幾年來的發展途徑可以說是一連串的波浪型。一下子搞大躍進，一下子又是農業學大寨，工業學大慶，沒有長久的一定方向，朝令夕改。而臺灣倒是能按部就班的有一套長期性的發展計劃，由農業而工業，由進口而出口，由密集勞力工業而發展到精密科技工業，漸進而有成效。另外，跟這一點相關的是：中國大陸在解放後，先搞社會革命，以剷除舊勢力爲目標，而忽略了經濟發展的必要性；而臺灣則自始卽以經濟發展爲目標，社會改革則是後來的事。事實上，經濟掛帥的政治系統在臺灣是很明顯的。

第五，人民工作意願問題。中國大陸的社會主義政策要求國家統一支配資源與報酬。因此，一直到最近的搞活經濟口號以前，人民並無多得報酬的機會，私有財產的禁止造成人們無法以財富的累積來提高自己個人和家庭的社會地位，乃之導致工作意願的低落，一種吃大鍋飯的得過且過的心態。但是在臺灣，一個人只要努力就可以有改善個人和家庭的生活環境的可能，多少今日的巨富是由小本生意做起而造成的。財富的累積與教育機會的取得能提高個人和家庭的社會地位。在這種情況下，工作意願自然高，更努力工作。中國大陸的階級是由權力所支配，是一種由上而下的階級分配。臺灣則有財富決定社會階級的強烈傾向，財富可由個人的努力而獲取。因此，提供人們求上進的機會，刺激人們認眞工作。中國大陸與臺灣人民工作意願的差別，也是海峽兩岸發展速度不同的主要原因之一。

第六，外援的不同運用，雖然中共和臺灣在初期皆接受外援。但是蘇聯老大哥對中共的外援停止得早，而且蘇聯實際上並沒提供中共在發展期間所需要的市場。相反地，美援在臺灣具有兩種意義：一方面提供資金和技術，另一方面則提供一個相當大且購買力強的外銷市場。1950 和 1960 年代的世界貿易對輕工業產品需求量大，且各國對進出口貿易限制不多，臺灣的發展正好趕上了這個自由國際貿易時代，但是中共當時的發展是以重工業爲重點，沒趕上時代，坐失良機。雖然 1970 年代晚期和 1980 年代，中共開始發展輕工業並強調外銷，卻已無當年之好時光，新增產品無法外銷，反而轉爲內銷，冲垮國內原有輕工業。

第七，社會穩定因素。中國大陸在 1960 年代至 1970 年代所發生的文化大革命所造成的社會動盪和人力的折磨，無法估計。這個文化大革命不僅把中共在早期所製造出來的一些小成果悉數破壞，更糟糕地是造成今日中共中層幹部裏一種怕做事，怕負責的心態，不敢放心積極領導。今年發生的學生運動後的整肅更將使這些人畏縮不前。臺灣過去三十幾年的社會穩定是有目共睹的事實，沒有太大的動亂，爲整個經濟和非經濟層面的現代化提供良好的基礎和長期性的眼光。

從我們在上面異同點的比較，中國大陸與臺灣的現代化程度之所以有明顯的差距乃是相異處多於相同點，而且相異處所造成的效果又重於相同點之影響所致。中共今天也不得不承認臺灣是要比中國大陸進步得多。1979 年秋，中共國務院副總理余秋里承認「臺灣經濟迅速發展，一般人民生活都比各省人民生活高幾倍。」從此以後，中共在經濟發展策略上開始注意研究臺灣模式，並以此模式爲榜樣，學習臺灣經驗。

三、經濟學臺灣與四化運動

根據經濟學家鄭竹園教授的研究，中共近幾年來經濟學臺灣做得相當澈底。他認爲下列五項措施最爲顯著：

(一)「經濟特區」的建立與擴大

在遠東地區有不少的開發中國家劃地設立以出口爲重點的「加工出口區」給予外來投資者和出口業者種種免稅優惠條件以刺激出口區內利潤的提高，增加投資意願。臺灣的高雄加工出口區是這種策略最有績效者。在 1961 年至 1974 年間，該地區之本地外滙收益高達五億三千三百萬美元。臺灣先後陸續又增設了楠梓及臺中兩加工出口區，菲律賓和南韓亦羣起傚尤。

中共在「對外開放，對內搞活」的新經濟原則下，在 1980 年初宣布在廣東、福建兩省實施對外新經濟體制，在廣東的深圳、珠海、汕頭以及福建的厦門，設立了類似臺灣加工出口區的所謂「經濟特區」，其目的在以特殊的政策和管理方法，用各種優惠條件，鼓勵外商在特區內投資，或與大陸國營企業合作經營出口加工。鄭竹園說：「這一設置經濟特區的決定，是中共經濟學臺灣的主要步驟，代表中共發展策略的一大轉變。」

1983 年 2 月胡耀邦到深圳特區視察後，即決定要把「深圳模式」推展到全國沿海城市。雖然中共內部意見紛歧，到 1984 年時，沿海有十四個城市及海南島設有經濟特區，差不多包括了沿海全部重要通商口岸。這些給資本主義大開方便之門的策略與中共以往政策背道而馳，卻是經濟學臺灣的明證。

（二）以私營企業來創造中產階級，刺激經濟繁榮

臺灣經濟成長的最大功臣是那羣數以萬計的中小企業，他們的苦幹精神，他們對世界經濟景氣的敏捷反應是臺灣經濟無論遭遇多大挫折而能突破困境的最大原因。南韓的發展方式較偏重於少數幾家大貿易商，因此在應付商業環境的轉變上沒有臺灣靈活，故其經濟成長亦無臺灣成就之大。中共從 1953 年推行「社會主義改造」，經過「三面紅旗」及「文化大革命」，個體私營經濟整個破產，也摧毀了原本活躍的中產階級。

1980 年以後，中共提出了一個「辦好集體經濟，盡量發展個體經濟」的新方針，重新肯定個體經濟的重要性，強調「個體經濟能廣開就業門路，活躍城鄉市場，彌補國營和集體經濟之不足。」1981 年中共國務院先後頒佈三項文件鼓勵和支持個體經營方式。1984 年中共中央又繼續強調放寬對個體經營的管制，發展商品生產，並搞活商品流通。同時亦准許民營企業和國營企業競爭。中共中央近幾年注意到幾乎所有集體式經營的共產國家經濟都落後於西方資本主義式自由經濟，旣然不願意完全模倣西方，臺灣折中式的計劃型私營企業的鼓勵模式正是好榜樣。

（三）「包產到戶」的實施

根據鄭竹園的看法。「包產到戶」的想法與臺灣早期實行的「耕者有其田」精神是一致的。大陸自 1958 年推行「人民公社」以來，農民生產意願低落，再加上中央制訂的生產計劃又往往與地方脫節，造成大陸農業的停滯不前。1979 年開始實施「包產到戶」由各生產隊將耕地及農具分配給農戶，由農戶與生產隊簽訂合同，實行包產，並將超額部份分歸農民享有。在這新制度下，由於「個別經營，自負盈虧」的刺激與鼓勵，中國大陸的農業生產有相當顯著的成長。雖然中共的「包產到戶」並沒有把地權交還農民，因此沒有臺灣「耕者有其田」來得澈底，但是至少農民可分享自己勞力所增加的收穫。兩者所希冀增高農民生產意願是一致的。

（四）發展策略的修正

臺灣的發展策略是一種按步就班漸進的方式，注重均衡的發展，由農業而工業，由進口加工而出口，由輕工業而精密工業。故失衡問題較不嚴重。中共原先是以蘇聯的史達林模式爲藍本，以強制性發展重工業爲發展重點和方向，因此造成重工業壓逼輕工業的頭重腳輕現象，社會物資缺乏，人民生活亦無法提高，轉而影響勞動誘因，造成勞動生產率之下降。中共因此在大約是 1979 年開始，將發展重點由重工業轉移至輕工業，增加紡織、輕工業與電子消費品工業部門的投資，人民物質生活獲得改善，輕工業增長率提高。

（五）開放政策的推行

臺灣經濟發展的最大特色之一是出口貿易的大幅成長，利用外資及技術來帶動整個經濟，並且也以開發國外市場替產品找出路爲基本目標。中共從 1960 年與蘇聯鬧翻後卽採閉關自守的政策，土法煉鋼，閉門造車，搞得鷄犬不寧，績效不彰。近年來大力提倡「對外開放」，傾全力爭取外商與僑商的合作共同發展國內工業。卽使在今年的學生運動之後和胡耀邦下臺之後，中共中央仍再三堅持其對外開放政策之不變，以安定外商的信心。其開放政策主要是全力爭取加入國際金融機構，並利用會員資格大舉外債，長期向日本與西方國家貸款，並修訂國內「中外合資經營法」以取信於外商，推廣旅遊事業及鼓勵勞務輸出。

雖然中共的經濟學臺灣到目前爲止已見成果，但是鄭竹園認爲中共還是不夠澈底，如果要趕上臺灣、香港或新加坡就必須做到四點：

第一，容許私有財產。臺灣私有財產的累積是人民努力的最大因素，此經驗亦證明私有財產的累積並不見得就會擴大貧富差別。

第二，擴大私營範圍。國營事業大多數皆有經營不善的毛病。因此必須擴大私營範圍才可能提高經營績效，增加生產效率。

第三，恢復市場機能。承認市場指導經濟的功能，從競爭中求進步，減少過份依賴不切實際的計劃經濟。

第四，提倡合理競爭。有競爭才有進步，硬性分配生產類別、數量，或消費對象都是落伍的管理辦法。

中共近年來的改革基本上是在 1975 年周恩來向第四屆人大提出的一個發展國民經濟新綱領：實現農業、工業、國防以及科學技術的現代化，亦即通稱的「四個現代化」旗幟下進行。周恩來在這一綱領裏指出，中共要分兩個階段來發展經濟：第一，以十五年時間在 1990 年之前建立一個獨立的和完整的工業經濟體系；第二是在本世紀末全面達到農業、工業、國防以及科學技術的現代化，並使國民經濟進入世界各國的前列。這個四化運動在 1976 年 10 月「四人幫」全部垮臺以後，以及在鄧小平的號召下全速推行迄今而不斷。

在鄧小平的構想中，中國大陸必須在本世紀末達到平均每人一千美元的國民所得才可以算是使中國由貧窮而進入小康，此即是比 1979 年時「翻兩番」。鄧小平多次強調說，翻兩番「意味着到本世紀末，年國民生產總值達到一萬億美元，那時不按人口平均而按國民生產總值來說，就屬於世界前列。這一萬億美元，反映到人民生活上，我們就叫小康水平；反映到國力上，就是較強國家。」中共一方面不願意放棄其社會主義的經濟原則，另一方面又不敢完全接受西方資本主義的經濟供銷理論，因此以臺灣以往的發展模式來試圖打破目前的僵局。臺灣已成功的經驗正符合鄧小平所說的是「會吃老鼠的猫」，是好猫；最實際的擺在眼前可馬上套用的模式。配合中國大陸從 1982 年至 1984 年農業的大豐收，全力提倡輕工業的發展，以外資來擴建中國大陸的工業和出口貿易，達到翻兩番的目標。

四、海峽兩岸社會發展的聚同趨向

在鄧小平全力支持的四化運動下，中共的「經濟學臺灣」的發展模式的確給中國大陸在「六五」和「七五」經濟計劃期間帶來了有效的成果，對外貿易增加了，農業生產總值提高了，人民的國民所得也有顯著的提昇。但是中共也因此面臨一個難以解決的困境，即堅持輸入工藝技術而已呢，還是也要輸入西方的社會文化價值體系？改革派者呼籲只有類似全盤西化的胸襟，中國大陸才能趕上世界的生活水平，才能維持目前的經濟成長績效。保守派則堅拒西方外來的生活方式和價值體系，並把對外開放的經濟方式視爲出賣中國社會主義路線與違背毛澤東思想的明證。

其實，中西文化論戰，全盤西化，中學爲體，西學爲用的爭辯，從清末以來一直困擾着中國士大夫階級。早年曾國藩和李鴻章所倡導的以學習西方技藝爲中心的「洋務運動」已證明不足取。同樣地，張之洞的「中學爲體，西學爲用」的說法也是自欺欺人的。胡適在民國初年就曾經這樣說過：「今日最沒有根據而又最有毒害的妖言是譏貶西洋文明爲唯物的，而尊崇東方文明爲精神的。」中共的徘徊正是這困境的徵象。

「經濟學臺灣」是表面的和浮淺的做法，要學臺灣模式就必須也學臺灣的政治社會發展模式，只有這樣才能把近年來「經濟學臺灣」策略下所造出的小成長延續並擴展，而更上一層樓。因爲臺灣三十幾年來之所以能創造出一個「臺灣奇蹟」並非全是經濟因素單獨的作用，而是政治社會各層面相互配合下的成果。因此，中共未來的發展方向應該是從「經濟學臺灣」的層面提昇到社會政治「全面學臺灣」。

臺灣經濟成長的政治社會因素的配合是不能忽視的條件，如果沒有這兩者的相互配合，臺灣也不會有今日這樣一個富裕安定的局面。簡單地來講，臺灣的社會有下面幾點值得重視的特質。這些特質與經濟成長互爲因果，避免了社會經濟發展上可能發生的嚴重失調問題，造成了一個安和樂利的社會。這些特質包括：

第一，普遍和高素質的教育。任何一個研究現代化運動的人都會同意教育的提高是現代化的必要條件，也是現代化程度高低的指標。臺灣過去這三十幾年來教育的普遍和素質的提高對臺灣的工業化、經濟成長以及社會的穩定都有不可抹滅的貢獻。在教育機會的普遍上我們可以看到非常低的文盲比率，國民教育由六年而九年，目前更考慮推廣到十二年的義務教育；在教育素質上我們可以從數目激增的各型大專院校的設立，研究所數目的增加，以及國外留學生回國執教和創業人數的增加裏看出來臺灣的教育素質之提高。

第二，中產階級發生的積極作用。臺灣的經濟發展的幕後功臣是一批相當大數目的中小企業，他們活躍國內外貿易舞臺上，以精敏的判斷力和克苦耐勞的毅力與人競爭，創造並掌握市場，再加上人數日多的公教人員，他們有良好的教育，有對社會應有的責任感和使命感。這批公教與中小企業人員構成了臺灣社會穩定的最大資源：一個積極活躍的中產階級。更由於近年來人民財富的累積，中產階級的數目愈來愈大，更增加社會的穩定力。

第三，多元的機會與多元的社會。臺灣社會的另外一個特徵是社會提供了人民許多不同的機會，讓人們有自由選擇的餘地，人們不會被命運所完全控制。一個人成功的機會可以是經商致富，也可以是在教育學識界上有成就，或者是在政治舞臺上發揮權力作用。當社會能提供其人民各種各樣機會時，人民滿足程度就會比較高，而且也比較能容忍不同意見，不同生活方式以及不同政治信仰的人。多元的機會造成多元的社會，更進而協助社會的穩定與繁榮。

第四，穩重和有彈性的政治體制。在臺灣的中華民國政府雖然仍有不少需要人民加以鞭策之處，但是它是穩重和相當有彈性的，也比較有勇氣擺脫老舊的教條主義來處理國內外情勢。早期由大陸撤退來臺的黨國元老曾經在穩定政治局勢上有其不可湮沒的功勞，近年來的科技和財經菁英則在這穩定的基礎上作有彈性的運用，兩者相輔相成，使臺灣政局能在保守與激進間能折衷出一條路來。有了這樣的政治領導，臺灣的經濟才能有今天的成績。

第五，世界性眼光和經歷的人口。也許，臺灣社會能穩定的原因之一是臺灣地區人們的世界觀，教育程度高，使得人們能接受外來文化，而臺灣人們經由旅遊、留學或經商等能體會到其他外國文化和社會的優劣點，把自己跟人家比，一方面提高了對自己國家的信心，另一方面則借鏡於人家改善自己，沒有閉門造車的困境。一個現代化的社會，人民要有超出個人和家庭的胸懷，臺灣的老百姓具有這種特質。

第六，高度的社會流動。上面我們曾經提到臺灣社會有多元的機會，人們有選擇的餘地。政府對人民的選擇沒有限制，在工商業界，在政府裏，在居住地區上的選擇，人民有充分自由的選擇權力，高度的流動社會乃爲之形成。社會的流動是人力合理分配的必要條件，也是理性安排和管理現代組織機構的基本要素。社會流動因此提高了人們工作意願，也增加了社會制度的活潑性。

總而言之，臺灣的經濟發展並不單靠經濟因素，而是配合社會發展才獲得的成就。許多第三世界的國家都曾借用外資，也有經濟計劃，但其經濟成長並不十分成功，其原因就在社會因素之未能充分配合所致。因此，中共如果要成功地改善其人民生活，使中國躋進安和樂利的境界就不能只是「經濟學臺灣」，必須「全面學臺灣」。根據臺灣的經驗，則中共必須注意下列社會發展因素：

第一，中共必須允許人民有選擇職業和居住地的自由。這是提高合理運用人力的最起碼條件。

第二，中共必須允許私有財產的擁有。雖然這可能造成社會貧富差距的增大，但是可以用高稅收或其他法令來控制可能流弊。

第三，中共在人材的選用上，無論是在政府或企業機構裏應提倡「專家領導」的概念，以個人才能爲錄用昇遷標準，減少以背景關係爲人材選擇條件。

第四，積極提倡教育。教育不僅要普遍，而且還要提高素質，尤其是職業科技訓練更應注重。

第五，重新培養人民勤奮工作的情操。以往大鍋飯的政策雖然避免了貧富階級之差距，但卻減低了人們工作的意願，造成一個「均貧社會」的假平等面目。

第六，鼓勵人們積極參與政策的決定。尤其在計劃的擬訂過程中不能再像以往一樣只顧上面的臉色，也要注意基層幹部和人民的需要。

第七，減少權力支配人與人的社會關係。目前是有了權力就有了一切，這種現象造成人際關係的緊張和衝突，重新肯定人人都要遵守的社會規範對社會穩定的功能。

第八，中共應減低「夜郎自大」的心態。在對外關係上，中共常給人一種耍無賴的印象。應該虛心考慮和接納外來文化和知識。

沒有一個經濟能夠在長期的矛盾中成長，也沒有一個社會能夠在長期的鬥爭中進步發展。社會必須給經濟發展提供一個有利的環境。中共如果能注意到上面幾點，其未來的經濟成長是可預期的。不僅如此，高度的經濟成長還可以反過來增強社會的穩定性。臺灣的經驗已證明這二者的關係，中共是可全面參考的。

五、中國統一問題

中國統一的問題應該不是誰統治誰的問題，更不是以動干戈來解決的問題。而是海峽兩岸如何製造出二個具有共同理性高度生活水準的社會的問題。我們相信，當海峽兩岸能夠達到這地步，則兩個社會差距自然消失，而且分不出高低貧富，中國統一屆時必不成問題。

一個政府之是否受人民之擁護在於政府的體制是否爲人民所接受以及政府是否有效的推行其政策，中共如果能在經濟上學臺灣，其必亦能在政治社會上學臺灣。我們無意說臺灣的中華民國是完美無瑕，但是相對地比較上來看，臺灣的中華民國所得到的人民擁護程度要高於在大陸的中共政府。學臺灣是要學臺灣的長處，是要避免其缺點。兩方面在相互比較下，力求改進，這樣的未來統一才是有希望的和長期性的。不然，其他方式的統一皆只能是一種假象，也將是歷史的一大不幸。

我們希望海峽兩岸的政府和社會能在下面幾方面謀求改進，以民主和民生福利來獲取民心。

第一，積極提高人民的生活水準。臺灣在這方面已有成績，但還可以再提高；中共仍然是貧窮國家，只要能改善投資環境，改善經濟體制，仍然是有希望提高人民的生活的。海峽兩岸並不一定要有同等的生活水平才能統一，但是至少中共一定要進入小康的局面才能吸引臺灣。也就是說大陸窮，臺灣富的情況下是不可能（也不應該）統一的，但是大陸富，臺灣更富的情況下則統一是可能的。以目前的狀況勉強統一將是悲劇。

第二，積極給予人民參與政治的機會。穩定有效率的政府必須要有人民的政治參與。政府在做決策時能聽取人民的意見，而人民也願意提供意見，這就是民主的政治。在這種制度裏，政府官員無法忽視人民的意願，人民也可以監督政府的作業。臺灣在這方面本已領先於中共，最近兩三年來中華民國各種政治措施如解除黨禁，宣布解除戒嚴法的決心以及地方選舉的公平競爭等皆是可喜的現象。中共在大陸近兩三年來也有開放的跡象，以年青的專才替代年老幹部，允許文藝界更多的自由評論等等，若繼續執行原大有可爲。可惜去年底和今年春天的學生運動後又往左轉方向，大陸民主的努力更形艱苦。要中國在未來有統一的局面就必須要有一個所有中國人都能信服的政府，而這政府必須有人民的參與。

第三，人民必須有決定個人命運的機會，也必須有表示不滿的孔道。現代社會之不同於傳統的特點之一就是個人不受權勢的束縛，由於社會的增加，政治的開明和民主，人民就應該有決定個人命運的機會。以往中國人總是生活在暴政之下，爲暴君任意擺佈。中共在毛澤東時代日子之恐怖是事實，今日雖有較好的生活，但是總有身不由己的苦悶。臺灣在這方面的成就可以提供大陸做參考，如果雙方都能注重人權和人性的尊嚴，則雙方的統一自不成問題，也是爲雙方所歡迎的。

第四，在雙方努力改進的過程中應該設法控制社會問題的蔓延。尤其是在環境生態汚染和犯罪問題上，更應加注意。目前中國大陸和臺灣的社會問題有隨着經濟成長而愈形嚴重的趨勢。經濟犯罪在海峽兩岸皆已威脅到社會的安寧， 如果不設法控制， 則不可能達到安和樂利的境界。國父　孫中山先生在民國初年就曾經說過，如果我們在工業化初期就注意到社會問題的防止，則等到工業化成功以後，社會問題的解決就要簡單得多了，海峽兩岸應對這問題仔細考慮。

我們對中國未來統一的看法並不在於政治或武力手段的統一，而是希望雙方能盡力爲人民謀福利，製造一個安和樂利的社會。如果雙方都能達到這境界，則將來海峽兩岸社會的差距自然就不會成爲問題的焦點，而且海峽兩岸的相同點會多於不同點，則統一是順理成章的事。正如我們在本文開頭時提到的：沒有一個中國人不希望自己國家強盛、富裕和民主。當海峽兩岸都有了這樣的政府和社會，則中國必然統一。

(本文原載於美國世界日報「世界論壇」版，1987年6月21日)

中國大陸目前的社會問題

一、現代化與社會問題：基本概念

中共自毛澤東死後，鄧小平掌權以來的一個重大目標是推行「四化運動」，即農業、工業、國防，以及科學技術的四個現代化。照中共領導的講法是藉四化運動把中國大陸「建設成有高度民主、高度文明的社會主義的強國。」基本上，從 1979 年以來，中共的四化運動的指導原則是「對外開放，對內搞活」。雖然它在經濟上有了些許成績，但是相對地也帶來了不少新舊社會問題。

如果我們把現代化視爲一個持續變遷的過程，那麼也許我們可以按亞洲四條小龍：香港、臺灣、新加坡、南韓的三十年發展經驗描述成三個連續性的階段。

工業化──→經濟成長──→現代化

工業化通常是指在經濟生產過程裏，機械動力與非人力資源的運用高幅度的增加。最常用來衡量一個社會的工業化程度的指標是全國生產總值裏，農業生產值比例的減少。工業化程度的提高通常可以帶動經濟成長。代表經濟成長的指標則包括國民生產總值的增加與國民所得的提高。現代化則牽涉到社會裏經濟與非經濟各層次的全面性改變。一個現代化的社會不僅是有較高的國民所得，而且也應有積極的政治參與機會，較理性的人際關係，以及高度的社會流動率。

從這個角度來看，工業化是經濟成長的先決條件，經濟成長則是現代化的必要條件。因此，從中共四化運動所涵括的內容來分析，它實際上仍是停留在工業化和經濟成長的二個層次上，也正因其四化運動目標過份狹窄，把工業化和經濟成長視爲現代化，忽視社會文化政治層次的改革，社會問題很明顯地顯露出其嚴重性。這原因之一是因爲四化運動內各項目改革與發展的步調不一致，發生協調不均所產生的問題。原因之二是四化運動所改革的項目與四化運動以外未改革的社會制度所發生的衝突問題。原因之三是四化運動之個人性太強，缺乏制度化體系的支持，產生舉棋不定的飄泊性質，無法系統地貫徹改革原則與目標。

中國大陸在 1976 年以前並非沒有嚴重的社會問題，而是那些問題被壓抑住而無法彰顯出來。我們必須明瞭在一個共產主義社會裏，社會問題就是政治問題。社會學裏的標籤理論（Labeling theory）可用來解釋這種關聯。按照標籤理論的看法，一個問題之存在與否，決定於社會上層精英手中。如果問題的存在直接或間接影響了上層社會的利益時，則問題才會被認定；但是如果問題的存在並不干擾上層社會的利益或甚至於有利於他們，則問題不會被指認出來，因此，它就不成問題。換句話說，標籤理論者相信對社會現象之加以問題的標籤與否，操諸於社會裏有權勢者手中。不論問題之大小，如果在上者不認爲是問題，則問題就不存在。中共領導者對社會問題的看法與處理方法很符合標籤理論的觀點。在此，我想用下表來表達描繪社會問題在中國大陸成長的生命過程：

階段	舉例
1. 結構上的助因	「四化運動」
2. 結構上的歪曲	「運動的協調不均問題」

3. 問題之認定與標籤……………………………「經濟犯罪」
4. 全國性運動之形成…………………………「整黨反貪污運動」
5. 控制與壓抑……………………………………「開除黨籍、處刑」
6. 標籤之消除……………………………………「宣稱問題之解決」

上面這六個階段是由一至六逐步發展的。因爲有了「四化運動」(1)，才有「運動的協調不均問題」(2)，而這些問題導致中共當局對貪污詐財等經濟犯罪的認定，給予肯定與標籤 (3)，針對這個已標籤的社會問題，中共發動一項全國性的運動試圖調整解決 (4)，並以開除黨籍，及嚴刑加以處理 (5)，最後希望能正式宣稱運動的成功與問題的消除 (6)。中國目前對大陸社會問題的處理與上述階段的發展過程甚爲相近。這些問題包括人口問題、老人問題、教育問題、婚姻問題，以及犯罪問題。在下面一節，我們把幾個主要的社會問題簡略給讀者介紹。

二、中國大陸社會問題面面觀

(一) 人口問題

從 1980 年以來，中國大陸人口早已超過十億，占全世界人口的五分之一以上。根據中共國家統計局的資料來看，在過去 35 年間，中國大陸人口增加了 484 百萬人口（卽四億八千四百萬）。這樣人口地大量增加原因之一是中國大陸過去幾十年來高出生率所致，尤其在 1950 和 1960 年代的二十年間，平均出生率都在千分之三十左右或以上。因爲當時毛澤東相信「人多好辦事」，他把人口看成人手，人越多就越能提供更多的勞力。因此，節育不被允許。當時，北京大學校長馬寅初就是爲了建議提倡節育，被打成右派，遭批鬥了好幾十年，但是，毛死後的鄧小平政權肯定中國眾多的人口是中共這幾十年來經濟停滯不前的最大因素，而且如果再繼續增加下去，會是其推展四化運動的一大阻礙。因此，1979 年以後中共大力推行「一胎化」運動，希望在本世紀末不超過十二億人口。

「一胎化」人口政策的推行，我一直認爲是中國歷史上自清末的「廢科舉」以來的一大變革。「廢科舉」把維持傳統中國政治和社會穩定的一個很重要的社會制度取消掉了，而「一胎化」的澈底推行則將根本動搖中國以家庭結構爲中心的社會結構。「一胎化」的可能影響，除了人口增長可以緩慢下來之外，下面這幾項負面效果是值得在此一提的。

第一，婦女墮胎問題嚴重——根據北京人民大學人口研究所一位教授的估計，去年有將近九百萬名中國婦女打胎，平均每三個孕婦中就有一個將胎兒打掉。中共雖然在避孕方法上相當進步，可是其衞生部官員承認，只有 5.3% 的育兒年齡婦女用避孕丸或器具。再加上婦女教育程度低，未能有效地使用避孕方法。一位南京的醫院院長在一次學術性會議上告訴我，就有一個婦女把避孕用的安全套燒成灰掛在床頭前，相信這樣就可嚇阻註生娘娘，可以避孕。

第二，殺女嬰問題嚴重——旣然中共政府只准有一個小孩，有不少家庭在得知胎兒是女嬰後就打胎取掉，或者在出生後溺殺。一胎化政策壓抑婦女，也降低了婦女在家庭的地位，因爲婦女的家庭地位端賴其產男嬰能力而定。中共允許離婚後尙無子女者再生產一次，許多婦女被丈夫公婆虐待，以至離婚，男的另娶。

第三，一胎兒教養問題——根據人民日報的一篇報導，中國大陸目前有三千二百萬獨生子，占全國總人口的 3%。因爲是獨生子，父母溺愛異常，放縱與自私是獨生子的性格特質。最近一、二年來，中共教育當局對獨生子問題相當重視，中共的全國婦女聯盟報告說到目前爲止有二十幾個省市及自治區成立了獨生子家庭教育會，共同討論這問題，全國也設立了一萬二千個獨生子父母教育講習班。

第四，未來老人贍養問題——以中共目前和未來的財力來看，要完全由國家來贍養老人是不可能的。因此，中共的老人福利政策一直是鼓勵由家人贍養。估計到西元2000年時，其老人人口將近1億2千7百38萬左右，占全國總人口之10.1%，到西元2025年時，老人人口更達2億7千萬左右，占人口的18.5%。這批老年人正是目前獨生子要負責贍養的對象。如果單以一個小家庭來看，要他們來共同扶養兩家老年人，負擔是相當重大的。而且將來由於工業化的影響，這些已成年的獨生子女可能因工作需要而遷離家鄉，更無法照顧老年人。

第五，家庭關係的緊張問題——如果一胎化澈底執行下去，中國年青一代將無兄弟姊妹，也可能將無伯叔等親戚網絡，家庭關係減少，家庭份子間的互助互賴因而減少，父母子女關係直接衝突機會增加，而人與人之間的關係亦可能變得更緊張。

第六，人口品質問題——一胎化政策基本上是建立在一個獎懲制度上。這制度在城市裏容易實施，但在鄉村地區就有困難。城市居民教育水準通常較高於鄉村農民，因此可能造成高教育者一胎化，而低教育者多胎生產的出生率趨勢。

中國大陸人口問題之所以嚴重和當年毛澤東的「人多好辦事」思想有關聯。如果當年毛澤東能不如此頑固，能疏導人口的可能增加，也許今天就不必採用如此極端的一胎化手段了。因此政府領導人的眼光，對社會問題的形成與演變，有直接的影響力。同樣地，如果鄧小平不把人口增加視爲其四化運動的一大障礙，人口問題也不會如此受到重視。

（二）家庭與婚姻問題

這個問題其實跟上述人口問題是相關的。按照1982年千分之一人口抽查的三十一萬年齡在15-67歲間的大陸婦女資料分析，離婚率大約是0.3%，已婚有配偶者70%，未婚者25.5%，寡婦者4.2%。結婚年齡，1950年時有將近一半的婦女在15-17歲之間結婚，1980年在這年齡組結婚的只有5.2%。目前中共官定的結婚年齡是男22歲，女20歲。但爲了節育與限制人口，中共鼓勵男的要等到28歲，女的25歲才結婚。根據中共「新婚姻法」，結婚是要申請登記批准才可舉行的，因此低於鼓勵的年齡是不大獲允的。

雖然如此，人民日報的一篇報導說，這種婚姻登記制度並未能徹底執行。以江蘇省例，城市的婚姻登記大約是90%以上，農村卻只有50%，有些農村更低至10%左右。山西省聞嘉縣在1983年間不足法定年齡而領到結婚許可的就有288對，河北省圍場縣這種違反「新婚姻法」的婚姻在1982-84年之間大約是占27.3%。主要原因是主管人員受賄，隨意出具證明，塗改年齡。

年青人在大陸找對象也不容易，一方面是中共在婚姻登記上的刁難，另一方面則是社交的不公開。對年青人來講，另外一個原因則是中共目前的職業分發制度很不可能讓婚前戀愛者同時分發在同一地區工作。因此大陸的大學生談戀愛很苦，總無法確定該不該全心貫注下去，因爲畢業後若不能分發一地，結婚希望渺然。前些時候就有一對大學生因爲工作分發不在一起，臥軌自殺。在南開大學的校刊上我就看到二位化工系學生同時申請到新疆去工作，因爲只有到新疆或西藏，才可能同時分發一地。中共目前爲鼓勵年青人到西藏，除了硬性分派之外，還允許以十年爲期的合同制，即服務滿十年可申請調回內地。新疆則是一去就回不來的。爲了戀愛，而終身於邊疆，這代價未免太大。報紙上的估計，1980年大陸夫婦因工作分派而分居兩地的就有一百萬對以上。我聽過一個哈爾濱的年青人告訴我，他太太分發在山西省工作，每四年准假回哈爾濱二個月，所以相聚很難。更可笑的是，太太回家的那段期間，管節育工作的村裏的老太婆，每晚來敲門，提醒他們要避孕，我跟這年輕人開玩笑說，這樣吵，怎會有戲唱呢？

中國社會科學院最近對七個省十九個縣的實地調查報告說，在 25-35 歲之間找對象有困難的男青年大約占該年齡男性的 15%，其中安徽省最嚴重，有困難男青年占約 27%，山西省有 25%。在城市也一樣。在北京，大約有十萬個未婚男性在 30-40 歲之間，上海則有十二萬。女性則較無問題，在 25-35 歲之間者大約只有 0.6%未婚。另外根據 1982 年 10%人口抽樣推算，28-34 歲之間全國未婚男性約有六百零六萬，女的五十四萬。

女性較易找到對象，因此比較挑條件。所謂「一技工、二幹部、三教員、死活不嫁莊稼漢」是指對象優先次序而言。在嫁粧上，近年由於中共的開放政策與經濟上的改革，人民要求提高。在鄉村，大致上是「三轉一響」，即三轉（自行車、手錶、縫衣機），一響（收錄音機）及「三十六條腿」即指床、沙發、櫃子等傢俱。在城市，則要求「五雞全鴨」，即五雞（電視機、收音機、縫衣機、洗衣機、計算機），全鴨（鴨絨被和鴨絨枕頭）。或三大件：彩視、摩托車、日曆手錶。

結婚費用，根據中共社會科學院的調查，1979 年平均不到一千人民幣，1980 年則漲至一千五百元，1982 年更增至 2,500 元，目前是 4,000 元左右，約合美金 1,300 元左右。在上海、廣州更高達 5,000 元。以大陸平均工資來算（大城市每人每月平均所得是 83 元人民幣），則結婚費用高得離譜。調查上又指出，費用中 47.5% 是由父母支援，19.7% 由親友贈送，27.9%個人儲蓄。在開銷上，購置傢俱與家用電器占總支出 54%，酒席占 19.5%，其他用品購買約占 16.3%。在電器音響上要求日本名牌，尤其是東芝牌的產品。

（三）教育問題

中共的領導人物認爲教育問題的解決關係到中共未來四化運動的成敗。而且從臺灣與新加坡的發展經驗裏，他們也認淸教育在工業化過程中所發揮的強大作用。因此，要求教育制度的全面改革。根據 1982 年的抽樣人口調查資料推算，每五個工人中，只有一個有高中教育程度(20.4%)，完全未受教育者有 7.9%，大專以上者占 1.6%。以一般人民來比較，女性約有 50% 是文盲，都市居民文盲者約有 16%，農村文盲占 35%。所謂文盲，是指未能識認 1,500 個字者。全國未受教育的文盲大約是二億三千五百萬，約占總人口之 23.5%。

以學校類別來分，根據人民日報的報導，1984 年底大陸各類高等學校有 2,059 所，其中 902 所是大學、專科、學院等正式學校，1,157 所是推廣教育類型的成人高等教育。以大陸眾多之人口，高等教育之缺乏是很明顯地。

中共目前的教育改革計劃，主要包括下面幾項:

1. 發動新識字運動——要求在1995年以前達到教導每個農民認識1,500 個常用字，工人認識 2,000 個字的基本閱讀能力，達到消除文盲的目標。另一方面也同時推廣簡體字，以便於學習。
2. 降低中小學生退學率——中共的經濟日報最近報導說，每年大約有 5.2% 的中學生，9.2% 的小學生退學，而且情況日益嚴重。北平在 1984 年中學生退學率約是 2.2%。中共宣傳部鄧力羣說，1984 年有 50% 的農村小學生中途輟學。原因是家庭爲了在四化運動中搞活經濟，增加收入，提早子女參加勞動生產。城市開放的新就業管道，農村中的包產到戶責任制，個體經營的鼓吹，以及「萬元戶」的誘惑，造成父母強迫子女中途輟學。
3. 改革高等教育以配合四化運動——中共官員承認目前大約有

18%的中學老師，53%的小學老師皆未受過專業訓練。為了配合四化運動，國家需要補充一千萬名以上的經理、工程等專業人材，一千萬名以上的教員、醫生、科學、法律人材。但是改革方案雜亂無章，一日三變，產生不少問題。北京大學學生跟我提到一件招生的事實：一位北大哲學研究所的女生，最初報考大學部沒考上，報考研究所卻考上了，原因是報名學歷沒限制，研究所科目較少易準備，大學部本科考試科目多，這女生反而考不上。這女生省了四年大學，直攻研究所，因禍得福。

4. 學以致用的目標——以往中國大陸的教育只注重教條的灌注與黨性的培養，不切實際。現在正試圖推行一種「有償分配」的新辦法，就是學校在學生畢業後向企業單位分派時，向該單位收取一定數目的款項，以補償用於培養的費用，加強實用性的職業教育。

5. 增加留學生——人民日報說，從 1978 年至 1984 年，中共已派出 36,800 名學生出國留學，這數目是 1949-1977 年留學生數目的 4 倍。其中 7,800 名（21.2%）是自費，其餘是公費。在所有公費生中，39.6%學工程，28.5%攻自然科學，13.1%讀社會科學，11.1% 醫學，7.7% 農業經濟。中共國務院今年元月公布，只要獲有確定的財力支持及取得學校工作單位的同意，就可出國。其實以國外學費之貴，這辦法是只有特權階級和幹部子女享受。

中共國家教育委員會最近頒佈的高等學校招生計劃，預定招 64 萬名學生，其中普通高等學校招生 60 萬，廣電大學和函授部招生 4 萬 2 千。去年（1985）招收數目是 62 萬，增加幅度太少。尤其是今年高中應屆畢業生有 231 萬，大約有四分之三的畢業生無法進大學攻讀進修。

（四）犯罪問題

在目前中共四化運動中問題最大的該是犯罪問題，雖然由於缺乏正式的統計數目，無法全面瞭解犯罪問題的嚴重性，但從中共高級領導的再三發表談話以及報章雜誌的討論分析，犯罪問題的日益嚴重是不可否認的事實。從零星的報導裏，我們獲知：1985 年的全國犯罪率大約是每一萬人中有五人犯法。北京市則爲每一萬人中有七點八人。根據中共「最高人民法院」的報告，在 1985 年共有 50 萬宗犯罪案，其中經濟犯罪占了大約 80%。1985 年全國各地審計機關查了 43,000 個單位，查出違紀金額 39 億 6 千萬元。該年上海竊盜案占重大刑案之 42.7%，廣州市的竊盜案則占該市全部刑案之 79.6%。

從上面這些零星的統計資料與報章雜誌上層出無窮的經濟犯罪報導，我們不難發現財產型犯罪是中共四化運動下最嚴重的問題。這問題的嚴重不僅是量增加的問題，而更嚴重的是犯罪者素質的問題。從犯罪學理論上來看，現代化過程中，財產型犯罪的增加幾乎是不可避免的。因此財產型犯罪在中國大陸的增加雖嚴重，但仍然是可以想像得到的。但是財產型犯罪者的背景：共黨幹部的經濟犯罪卻對中共的四化運動與社會安寧有更嚴重的負面影響。

中共中央紀律檢察委員會第一書記陳雲最近在中紀委第六次全會上指出：「一說對外開放，對內搞活，有些黨政軍機關，黨政幹部和幹部子女，就蜂湧經商，僅據十八個省市的調查，就去年第四季以來，一下子就辦起了兩萬多個這樣那樣的公司，其中相當一部份，同一些違法分子，不法外商互相勾結、互相利用、鑽改革的空子、買空賣空、行賄受賄、走私販私、弄虛做假、敲詐勒索、逃避關稅、製銷假藥、假酒、謀財害命，以至販賣、放映淫穢下流錄相、引誘婦女賣淫等等醜事壞事。」陳雲痛斥這種幹部「一切向錢看」的歪風。海南島 1985 年 7 月的官員走私盜賣汽車、彩色電視機、收錄音機是最大的走私案件。汕頭市委副書記陳燕發亦指出從 1981 至 1985 的四年間，百分之 90.2 的走私與販私經濟案件涉及幹部。廣州的南方日報披露去年廣州有四多：「大案要案多，貪污受賄多，非法所得多，領導幹部涉案多」。

中共幹部的犯罪也不僅限於經濟犯罪，仗持權勢或父兄權勢爲非作歹也日益增多。其中最著名的案件要算上海一批高幹子弟強姦和輪姦婦女案。這些子弟包括上海市委宣傳部副部長陳其五的兒子陳小蒙、陳冰郎、陳丹廣，上海市委第二書記與人代會主任胡立教兒子胡曉陽，上海市政法幹部的兒子葛志文等人。他們作案有四年之久。在杭州、南京、武漢、北京等地強姦過 50 名女性。這案件在中共最高機構的示意下，於 1986 年 2 月由上海市高級法院判處陳小蒙、胡曉陽、葛志文等死刑，陳冰郎處有期徒刑 20 年，陳丹廣 5 年徒刑，康也非 3 年徒刑。

爲了應付這些日益嚴重的犯罪問題，中共最高當局不斷地集會檢討整頓黨風的問題，而且在法律制裁上採用嚴厲極刑手段，希望殺鷄能儆猴。不過到目前爲止，成效似乎並不彰顯。按照馬克思的說法，人與人的關係是建立在資產之有無上。有資產者居上，無資產者居下。但是在中共今天的社會裏，因其貧困，資產之差別不大。因此，人與人的關係是建立在權力之有無。有權力者高高在上，無權力者在下，聽在上者擺佈。當中共的四化運動的對內搞活經濟開始有了一點效果時，有權勢者憑其權勢欺壓良民，尤其是新近因開放而致富者更常遭遇到幹部之無理欺壓。因此，中共黨幹部不是憑據本身權勢自已作奸犯科，就是據此欺壓他人。我們可以預料中共的犯罪率還會昇高，而幹部的犯罪比率亦不會在現行法律制度下減少。暴力型犯罪也許可能減少，但經濟犯罪仍將是最占多數。

三、結　　語

我們首先要指出的是社會問題的存在是每一個社會都有的。也就是說，沒有一個社會是完全沒問題的。我們在此討論中國大陸的社會問題並不在於有心醜化中共或中國大陸，而是藉此提出其獨特性。

國父孫中山先生早在民初講演三民主義時就已提出。中國的問題不在財富的不均分配，而是在於貧窮。他也指出共產革命只能解決政治問題，卻不能解決社會問題。因爲共產主義缺乏把國家由貧而富的策略。中共近幾年來的開放政策正證明了國父當年的觀察看法是正確的。共產國家之窮困是很普遍的，而開放政策因此也就逐漸在東歐國家裏推行。

以往中共解決社會問題的方法常常是用政治領導的羣眾運動來處理。「三反五反」運動、「四清」運動等等皆曾轟轟烈烈地風光過一陣子，但是其效果有限。主要原因是：(1) 這些運動常帶有濃厚的政治色彩。其目標常因領導人利益之所逼而搖擺不定，(2) 這些運動的口號雖然響亮，但往往沒有具體內容或解決問題辦法。等運動高潮過了，問題仍在，或甚至於變得更是嚴重。(3) 民眾教育水準不夠，人云亦云，不明瞭社會問題的眞實性，以一種看熱鬧的心情參與運動，等運動完了，戲也唱完了，好像問題也就解決了。(4) 國家窮，沒有餘力投資在社會問題的解決上。(5) 四化運動太過份強調搞活經濟，忽略其他社會部門的配合，致產生不少新的社會問題。

中共在 1950 年代至 1970 年代可以說是「均貧時期」。全國上下都窮，這是很容易做得到的。現在四化運動的目的是在增加國家財富，這並不簡單，至於要達到「均富」則更難上加難。以中共社會狀況來看，財富的不均與權勢的不均將是其社會問題之根源。因此，解決社會問題的對策自亦應由此兩種現象着手。

（本文原載於美國世界日報十月十九日「世界論壇」版，1986年）

中國大陸學生運動的分析

一、前　言

最近一個月來，中國大陸連續不斷地發生大規模的學生運動。從安徽、上海、武漢、北京、天津等地而至深圳和昆明，數萬名學生連日以大字報、罷課、辯論、校內遊行以及街頭示威的方式，向學校當局和中共領導部門表達他們對現狀的不滿。雖然學生運動在中國大陸並非首次發生，但是最近的一連串示威規模之大和所參與學生之多，仍然是值得我們注意的。本文的目的是從社會集體行爲理論的觀點分析此次學生運動的特徵並預測其可能發展的方向。

二、目前的特徵

首先讓我們先了解目前中國大陸學生運動的幾個主要特徵。在這一節裏我們把幾個主要地區的學生運動的原因、要求項目、參加人數、運動方式以及中共當局所採的對策加以描述。

（一）原因

安徽的學生運動是始於學生對基層人民選舉模式的不滿，學生們集體抗議新公佈的選舉法毫無更新的內容。雲南學生運動是爲了爭取有選自己的候選人的自由。上海學生運動始於十二月中旬交通大學拒絕擴大學生權利的請願。廣東深圳大學學生則是為了抗議校方推行二十條教學改革方案未受重視而採取行動。武漢學生則對食堂管理和伙食不良抗議而起。北京的北大、師大、人民大學以及天津南開大學則抗議校園的不民主。

從這些原因來分析，這次的學生運動並非是對理念和意識的爭論而發，却是對抗議很落實和切身的問題而起。因此要比往年的幾次運動，如「新五四運動」、「北京之春」，甚至於「天安門事變」等風潮皆要來得實際和具體。也因此，這次的學生運動較往昔的數次運動更能吸收全國各地學生的同情和參與。

(二) 學生要求項目

上海學生的示威領袖提出了四點要求：擴大民主、新聞自由、保證抗議學生安全與宣佈抗議合法性。安徽學生要求在選舉省人大會的學生代表時有發言權。雲南學生要求民主和自由。南京學生要消除官僚政治。深圳大學學生要求學校重新考慮二十條教學改革方案的實施。北京大學學生的大字報說：「我們必須採取行動。我們本身必須以行動改革政府政策的制度。」大字報表示支持多黨制，要求新聞自由，反對政府的壓迫。

基本上，學生運動到目前為止並不是反政府運動，而是反政策運動。反政府運動是對整個政權的合法性之挑戰，而反政策運動，只是對政府所擬訂的部份政策表示不滿和抗議。合肥的學生領袖說：「我們支持政治改革計劃，但要求快點實行改革。」上海醫學院學生領袖在示威的演講會上也說：「學生們是支持中央的。」而根據報紙上的報導，率先爭取校內民主運動的合肥中國科技大學的副校長方勵之和應用化學系主任溫元凱兩位教授皆是趙紫陽的好友，亦是鄧小平改革派的支持者。如果這報導屬實，那麼硬把目前的學生運動視為反政府運動似乎尙言之過早。也許正如某些分析者所猜測的，是鄧的改革派利用學生要求加快改革步驟的情緒來打擊共產黨內的保守派。無論如何，這次學生運動到目前為止還只能算是「反政策」運動，至於是否會演變成「反政府」運動，我們在下一節再討論。

（三）參加人數

羣眾運動參與人數本來就難以確實計算，再加上中共當局新聞媒介的歪曲報導，更無法知曉到底有多少人參加此次的學生運動。根據外國通訊社的斷斷續續消息來估計，上海在十二月二十日至二十二日間的示威行動最高潮時大約有三萬至三萬五千學生參與，街頭旁觀者約有七萬人左右。安徽中國科技大學十二月五日的示威人約有一千多名學生參與。十二月九日在合肥街上的學生示威包括其他大學學生共約三千名左右。昆明的示威來自雲南大學、昆明工學院以及民族學院的學生共約二萬人左右。深圳的街頭示威有一千多名以上參與。十二月二十九日北平的示威有「數千人」。元旦午夜在北京街道上示威者亦有五千人以上。這些人包括北大、清華、北師大及人民大學學生。

到目前為止，參與者的身份相當單純，主要是學生。僅有極少數的工人參與。上海工廠領導曾命令禁止工人參與。因此，這次運動仍然很明顯地停留在學生運動的角色上。人數有愈來愈多的跡象。不過最重要的還是上海和北京兩地大學生的實際參與。正如一位上海市民說的：「長沙發生示威只是小震，上海示威則引起大地震」。十二月中旬運動初期，運動領袖對北大學生未表示態度，耿耿於懷，但十二月底，包括北大在內的北京幾間名校學生已積極參與。上海和北京大學生一直是中國現代學生運動史上的領導者，其一舉一動為全國所注目。因此，這次運動之全國性已是明顯。無論是從參加人數或參與者地區來看，其規模之大無庸置疑。

（四）學生所採方式

正如上面所強調的，學生運動仍然停留在「反政策」的階段裏。因此，目前學生所採的方式尙無暴力的出現。其主要方式包括罷課、靜坐、示威遊行、演講和辯論、貼大字報、要求會見校方和地方政府領導等。根據美國時代雜誌自上海發出的消息描述：「示威者是遵守秩序的模範。離示威地點人民廣場百米之外，夫妻仍手挽手悠然過街，攤販照常喊賣。在被學生包圍的市府附近，一個爵士樂隊照常在演奏。」合眾國際社北平的消息提到南京的大規模集會討論後沒有遊行，也未與官方人員發生衝突。雖然北京學生與公安人員有正面接觸，但衝突並未導致流血事件。

（五）中共當局的對策

大致上來看，中共當局到目前爲止所採取的對策是退讓與容忍。同時卻也一再聲明隨時準備用武力來干涉和鎮壓。以上海的情況爲例，上海市長江澤民答允學生的部份要求，保證抗議學生安全和宣佈抗議的合法性。他也與學生領袖們做面對面的會談。市府官員表示：「假如示威遊行的學生沒有犯法，政府不會拘捕他們的。」安徽省政府也肯定學生要求民主化的熱誠，不追究示威學生，並指示警察不能與學生衝突。安徽省政府亦同意把省人大會的選期延後，並允准學生提候選人。雲南亦准許可有二名地方選舉候選人。深圳大學當局則停止執行教育改革方案，考慮學生民主權利，公安部門亦對學生運動採取忍讓，尙無強硬干涉行動。即使在北京的示威比其他地方更激烈，官方的態度亦較其他地方強硬，但與公安人員的衝突尙未達流血的局面。

到目前爲止，官方似乎有意降低學生的意願，肯定學生們要求較多民主的本意是好的。公安機構把騷亂歸罪到非學生的「流氓份子」幹的。中央電視臺在一月二日的新聞節目裏稱一月一日天安門廣場的遊行為「一小撮反社會主義份子煽動的非法事件。」北京日報則引述公安人員的談話，勸學生「應該提高警覺，不要被這些份子導入歧途。」上海所逮捕者全是工人，被控以假裝學生進行散播謠言、破壞公共秩序及縱火等罪。北京雖有二十四名學生被捕，但在北大校長丁石孫的奔走下，很快地也給釋放了。

三、可能的演變

社會學上把一些臨時性和違反常規的集體羣眾行為和行動稱之為「集體行為」(collective behavior)。這些行為包括革命、暴動、風尚時塵、聚眾鬧事、謠言、示威遊行以及社會運動等。以目前中國大陸的學生運動來講，它是屬於一種現場突發的羣眾行為。由於某一因素的刺激（例如，伙食不良、新聞無自由），羣眾彼此相互受情緒的感染，導致爆發式的激烈行動。這類行動往往無嚴密的組織，也可能沒有特殊的領導人物，參與者亦往往並不明白行動的目標或方向。合眾國際社引述一位尾隨遊行的外國人在北京十二月二十九日的目擊。他說：「學生對整個事件好像持着很高興的幽默感。事實上，有些學生告訴我，他們不知道要遊行到那裏，也不知道為了什麼遊行。看起來遊行是臨時產生的，也沒有眞正的領導。」這情況跟羣眾行為特徵類似。學生的示威運動是因情緒的感染而產生的表現。

在前面，我們曾提到過中國大陸這次的學生運動起因於對伙食、學校管理以及選舉等切身問題而發，這是近因。社會學家斯美舍 (Neil J. Smelser) 曾提出集體行為裏的羣眾運動的產生常常是因為社會結構裏存在有矛盾、衝突及缺陷，人們在長期的壓抑下而爆發的反應。學生們對中國大陸的政治制度所製造的矛盾，特別是學業上的挫折、學生言論自由、畢業後職業分發等矛盾久已不滿。這次的學生運動的遠因可以說是對制度的不滿的反應。政治社會學家戴維士 (James Davis) 的 J 曲線理論亦可用來說明學生運動的遠因。戴維士指出他分析數個大規模的歷史上的暴動以後發現一個共同的特點：它們大多數是發生在經濟和生活稍有改善之後。他指出，當人們的生活情況極端貧苦時，人們已習慣過苦日子，而且亦終日爲謀生忙，無暇顧及他事。因此，不會聚衆鬧事。但是當人們開始過點好日子，生活環境素質有了改善之後，人們的期望亦隨着昇高，如果這個時期政府未能滿足人們已昇高的期望，而人們認爲他們沒得到應得的享受或東西時，人們就可能聚衆鬧事，並演變成大規模的羣衆運動，或甚至於演變成革命。事實也證明，從中共開國以來，每一次的暴動皆發生在日子稍轉好的時期。近年來中國大陸的四化運動所指導的「對內搞活，對外開放」的政策確實把人民的日子改善了些。但也同時帶來了不少的問題，包括物價上漲，人民幣貶值，幹部搞特權，犯罪問題昇高。人民在物質上有了改善以後，對其他非物質的期望跟着提高，可是中共當局雖高喊改革，並無意眞正滿足這些新期望。學生們終於叫出了：「小平同志，你在那裏？」的呼喊。可見學生們一方面肯定改革的成果，另一方面卻要求改革者重視他們的期望。

從集體行爲的理論來看，大陸的學生運動是一種「抗議」(protest) 運動。其出發點是起於地方性的挫折和苦悶的表現。抗議者身份大致上單純和同質，而且所要求的目標亦相當落實。集體行爲的研究指出挫折和憤怒並不一定就演變到抗議的地步。人民之所以抗議是因爲政府機構和官員之行動（或無視於人民挫折）而起。大陸的學生運動很符合這種理論上的詮釋。

中國大陸學生所發起的「抗議」運動在過去三十幾年來已不止一

次，可是皆變成虎頭蛇尾。這一次是否也遭遇同樣的命運，很難預測。下面這幾項條件將影響此次運動之方向和成敗。

（一）運動參與人數必須擴大，同時必須吸收工人和其他非學生份子參加

一個社會運動的最有效資源是有大數目的參與者。學生若能爭取工人和農民的同情和支援，則可擴大參與數目，造成更大的震撼。為了達到這目標，學生運動所抗議的目標應擴大至涉及工人和農民所關懷的問題，如物價上漲問題，農村共幹濫權問題。社會各階層人士的同情和參與是此次運動是否能昇高層次的重要因素之一。

（二）時間運用必須妥當

社會運動之有別於其他集體行為的最大特點是社會運動之長時期持續性。罷課、示威、暴動都只是暫時性的羣眾心理情緒的火花式發洩，一旦受政府的武力壓抑，容易驅散，無甚效果。因此中國大陸的目前的學生運動就必須拖長時間，以持續性的抗議來達到政治改革的目的。要達到這目的之手段包括：(1) 爭取非學生份子的參與。尤其是爭取那些能有空閒參與運動的知青、工人和公教人員。這樣子才不會使運動受到學校的上課或考試而中斷。(2) 擴大運動爭取的要求和目標，以爭取社會各階層之同情與支持，使運動不因政府的小部份妥協與安撫就消逝停擺。

（三）組織與領導份子

到目前為止，學生運動很明顯地仍然缺乏一有系統的組織和一羣有號召力的領導份子。這兩個因素常能決定一個社會運動之成敗。有系統的組織一方面可用以協調地方性局部的抗議活動，而且也可用以溝通連絡其他地區的行動，避免單打獨鬥的困境。在中共嚴格控制新聞傳播媒介的情況下，各地區互通消息很難，如果缺乏一個系統組織，各地無法互相支援，易為政府當局各個擊破。目前的學生運動也沒有一個明顯的領袖來作爲號召和團結羣眾的力量。領袖的缺乏亦往往造成無法提昇運動意識型態理想的困境。一些受外國記者訪問的學生們也承認他們雖然以民主爲口號，本身卻也不淸楚到底民主是怎麼回事。有了領袖，其信服力可補救這方面的缺憾。

（四）當政者的干預方式

中共當局的態度和干預方式必影響到學生運動的成敗。目前的低姿勢和忍讓如果不能降低學生運動之規模，則中共當局的下一步必然是以武力干預。事實上，最近幾天的外電報導已引用中國領導人強硬語氣，不惜以武力對付。如果武力干預成功，則學生運動會跟往昔那幾次一樣無疾而終。但是武力干預亦可能發生副作用，引起那些未參加者對學生的同情和憤怒，進而參加學生運動，更擴大運動的層面和嚴重性。如果武力干預失敗，則目前的改革和抗議形式的「反政策」運動很可能演變成向政權合法性挑戰的「反政府」運動。造成中國大陸全面的動亂。

總而言之，中國大陸的學生運動到目前爲止，只能算是初生期，至於今後如何演變，就要看學生和中共當局對上述幾項狀況的配合運作了。兩方面的任何一方若能掌握有利條件，充分利用這些條件，就會成贏家，而未能掌握有利條件者必然成爲輸家。

還有一點值得一提的現象是中共當局和宣傳機構再三提醒學生和社會大眾「文化大革命」的慘痛經驗。一方面把學生運動暗喻成另一個「文化大革命」的前奏，另一方面則勸導工農階級少參與。「文化大革命」所造成的苦難是中國大陸人人都親身體驗過的悲劇。中共當局利用人們不希望再有「文化大革命」或騷動的心態，來孤立學生領袖和學生運動。這種手段在短期間會有效果的，尤其是在運動的初期。但是如果學生運動能發展到社會運動，有長期持續性，且能使其他人士信服運動的合法性，則「文化大革命」的陰影會逐漸失去效果。

經過這幾十年的動亂，中國大陸人民厭亂是事實。大多數的人都希望天下能太平，尤其是四十歲以上的人都希望能平平安安的過個晚年。事實上近年來的四化運動是把人民生活提高了些許。但是如果我們接受前面提到的戴維士的理論，這段時期也正是最容易發生騷動的時期。所謂日子好些，只是比以往好些；若跟外面比，則就沒有什麼好的了。近年來由中國大陸派往世界各國留學、參觀、研究的人相當多，他們有機會接觸國外世界，也有機會去了解外國政治社會制度。這些經驗遲早會在中國大陸發生影響的。中國近代史從鴉片戰爭起，西方思想和政權就一直左右中國政治社會。而從曾國藩和李鴻章的洋務運動之後一直到今日，國外留學生也一直扮演着舉足輕重的角色。今日中共當局所亟力阻遏的西方精神污染，但是只要中共「對外開放」，它是無法阻擋的。因此，學生運動之有國外留學回國的知識份子領導也就不足為怪了。「文化大革命」之所以造成那麼大的創傷，責任不在學生，而在於學生被黨政奪權者所操縱而致的。因此，責任應是在上爭權奪利者，特別是毛澤東。也正因這外來文化和知識的間接薰陶，今日的學生運動不至於造成另外一次「文化大革命」。

（原載於美洲時報周刊，1987年1月）

中國大陸的老人問題

一、前　言

老年人口的增加是一種世界性的發展趨勢。所有的工業化國家裏，老年人口在總人口的比例近年來都有明顯的增加。估計在西元 2050 年時，這些國家裏大約每五個人當中就會有一個是老年人。老年人口的增加因此也牽引出老人贍養的問題。某些學者發現，在工業化的過程裏，由於社會流動的增高與新工藝技術的日新月異，老年人的社會地位會受影響。

中國大陸雖然到目前爲止還不能算是一個工業化的社會，但是由於人口結構的變化與政府政策的改變，老年人的問題近年來廣泛地受到中共領導階層的注意。本文的目的是討論中國大陸老年人口現況與其未來增長的趨勢。我們的重點將不僅僅是在其老年人口數的增加，而且也要討論這種增加所可能面臨的問題。這些問題所牽涉到的層面廣及社會、經濟、以及政治。

二、中國大陸的人口與老年人口

(一) 人口增長趨勢

從西元 1949 年到今天， 中國大陸人口增加了幾乎一倍的人口。根據中共的統計資料來看，在 1949 到 1983 的 34 年之間共增加了 483,280,000 左右人口。實際上的 1983 年人口已超過了十億二千萬。其中男性人口約五億三千萬，女性約四億九千萬人。

人口增加之原因雖然不止一項，但是從中共統治的歷史經驗來看，則毛澤東的過份堅持「人手論」應是一個很重要的因素。我們必須記得中國大陸一直是由思想來指導社會、政治、以及經濟等方面的改革。因此，在上者的思想意識型態就影響到整個社會。從毛澤東一直到今日的鄧小平，這種指導方針並無顯著改變。當毛澤東掌權時，他個人一直堅決相信人口多是中國可以用來與西方資本主義國家相抗衡的資源之一。毛澤東相信人口越多，中國就越強，因爲人口多並不代表吃飯的「口」多，而是象徵着可用來生產的人「手」多。就他來講，多的人手是可以彌補中國在科技工業上的落後與不足的。也正因此，毛澤東掌權時人口節育與控制無法在大陸展開。當年北京大學校長馬寅初就因爲提倡節育而遭受批判與鬥爭。

如果我們把中國大陸過去三十幾年來的出生率來做分析，我們可以很清楚地看出 1950 與 1960 年代，除了有短時間 (1959-1961) 的例外，其出生率都在千分之三十以上。尤其在 1963 年與 1964 年這兩年間更高達 40 上下。這種高的出生率如果再配合逐年減低的死亡率，則人口的自然增長率就相當明顯。我們把中國大陸人口增長情形列在表一供讀者參考。

表一裏面的統計資料還有兩點特徵，值得一提的:

第一，1960 年的人口增長率是 −4.5。也就是說該年人口數未增反減。1961 年也只有 3.8 的增長率。這是大躍進運動失敗後的結果，饑荒不僅造成低的出生率，而且更提高了死亡率。1960 年的死亡率高

表一：中國大陸人口增長，1949-1983

年	人口數（單位：千）	出生率	死亡率	自然增長率
1949	541,670	36.0	20.0	16.0
1950	551,960	37.0	18.0	19.0
1951	563,000	37.8	17.8	20.0
1952	574,820	37.0	17.0	20.0
1953	587,960	37.0	14.0	23.0
1954	602,660	38.0	13.2	24.8
1955	614,650	32.6	12.3	20.3
1956	628,280	31.9	11.4	20.5
1957	646,530	34.0	10.8	23.2
1958	659,940	29.2	12.0	17.2
1959	672,070	24.8	14.6	10.2
1960	662,070	20.9	25.4	－4.5
1961	658,590	18.0	14.2	3.8
1962	672,950	37.0	10.0	27.0
1963	691,720	43.4	10.0	33.4
1964	704,990	39.1	11.5	27.6
1965	725,380	37.9	9.5	28.4
1966	745,420	35.1	8.8	26.3
1967	763,680	34.0	8.4	25.6
1968	785,340	35.6	8.2	27.4
1969	806,710	34.1	8.0	26.1
1970	829,920	33.4	7.6	25.8
1971	852,290	30.7	7.3	23.4
1972	871,770	29.8	7.6	22.2
1973	892,110	27.9	7.0	20.9
1974	908,590	24.8	7.3	17.5
1975	924,200	23.0	7.3	15.7
1976	937,170	19.9	7.3	12.6
1977	949,740	18.9	6.9	12.0
1978	962,590	18.3	6.3	12.0
1979	975,420	17.9	6.2	11.7
1980	987,050	17.0	6.3	10.7
1981	1,000,720	20.9	6.4	14.5
1982	1,015,410	21.1	6.6	14.5
1983	1,024,950	18.6	7.1	11.5

資料來源：中國統計要鑑，1984，頁 81-83

達25.43是很突出的。

第二，1970年代中期以後，中國大陸人口才開始有顯著的緩慢增長率。我們知道毛澤東是死於1976年。從該年一直到1980年的出生率一直是在20以下。雖然1981和1982有上昇的現象，在1983年又下降到18.62。這是近年來中共推行人口節育政策的效果。

最近幾年來，中共積極推行「一胎化」人口政策，雖然有不少負面的影響，但是如果眞能貫徹實施，人口的增加速度是可以緩慢下來的。根據聯合國的估計，到西元2000年，中國大陸的出生率將約在16左右，人口數只增加到十二億五千萬人；西元2025年時，出生率更可低到13，人口數亦只增至十四億六千萬人左右。人數雖然還是龐大，但是至少其增加速度已大爲減緩下來。

（二）老年人口的增長

出生率的減低，雖然減緩了人口增長的速度，但同時也使老年人口在總人口比例上大爲增加。根據中共自己的資料和聯合國的估計，1960年時其60歲以上老年人口大約是37,678,000人，佔總人口之5.6%；估計在2025年時，老年人口將可達270,469,000人，佔總人口的18.5%。這比例上的增加是相當可觀的。

老年人口比例的提高的主要原因除了低出生率與低死亡率之外，人口壽命的延長也是原因之一。中國大陸人口在1960年時，其生命餘年（卽在該年時，按其嬰兒死亡率等因素的推算，一個初生嬰兒預期可活到的歲數）是44.7，其中男的是44.1，女的是47.8。到西元2025年時，中國大陸人口的生命餘年歲數可達75.2，其中男的達73.3，女的可高達到77.3。這種長壽命也將同時使中國大陸老年人口中的80歲以上者的比例大爲增加。

同樣的道理，我們也可以想像得到中國大陸人口年齡結構上會有顯著的老化現象。在 1960 年時，中國大陸人口是相當年輕的，其年齡中數才 21 歲，但據估計在西元 2025 年時，年齡中數將高達 38.4 歲。也就是說屆時，有一半以上的中國大陸人口是 38 歲以上。中年人和老年人將佔中國人口的一半，老化現象的明顯是很清楚的。我們把幾項有關老年人口的指標集列在表二供讀者參考。

表二：中國大陸老年人口

	1960	1980	2000	2020	2025
60歲以上人口數（單位：千）	37,678	72,815	127,389	234,036	270,469
60～69歲	26,201	45,695	75,587	147,706	158,537
70～79歲	9,696	22,748	40,591	64,627	88,049
80歲以上	1,781	4,372	11,211	21,703	23,883
60歲老人占總人口百分比	5.6%	7.3%	10.1%	16.4%	18.5%
60歲老人與每 100 個勞動人口比	10	13	15	25	29
年齡中數	21.0	21.7	30.2	37.7	38.4

資料來源：United Nations, *Periodicals on Aging*, Vol. 1, No. 1, 1984 N. Y.: UN Department of International Economic and Social Affairs。

三、老人的社會問題

中國大陸老年人口的增加趨勢必然帶來某些值得注意的問題。這些問題裏，有的是目前已開始感受到的，有些則是未來可能要面臨的。我們在這裏，把幾項比較重要的加以討論和分析。

（一）老年贍養問題

老年人口的增加，造成社會負擔老年人生活愈來愈重的趨勢。根據聯合國的資料估計，中國大陸 1960 年時每 100 個勞動者大約是負擔 10 個 60 歲以上的老年人，但是到西元 2025 年時，則每 100 個勞動者必須負擔 29 個老年人。用另外一個方式來表達，我們可以說 1960 年時一個老年人的生活平均是由十個勞動者所負擔的；在 2020 年時，則每四個勞動者就必須負擔一個老年人。擔子之重，可想而知。中共目前只注意到孩子太多，吃掉經濟發展的一點成果的問題。將來老人太多，亦會影響到經濟發展，這問題是值得探討的。

老年人扶養問題，到底該怎麼處理，將是一個頭痛的問題。富裕如美國者，都對社會安全基金的來源有應付不了的苦惱，以中共目前及未來可預見的財力，這困境將更明顯。目前中共是大力推行和鼓勵由子女自行瞻養年老父母。中共新婚姻法第十五條規定「子女對父母有瞻養扶助的義務，子女不履行瞻養義務時，無勞動能力的或生活困難的父母，有要求子女付給瞻養費的權利。」其刑法第一八二條亦規定：「負有扶養義務而拒絕扶養，情節悪劣的，處五年以下有期徒刑，拘役或管制。」

中共政協副主席社會學家費孝通在 1983 年發表的一篇「家庭結構變動中的老年瞻養問題」論文裏就一再提倡這種由兒女扶養年老父母的方法。他稱這爲「反饋模式」。他說：瞻養老人在中國是子女義不容辭的責任。在西方是甲代撫育乙代，乙代撫育丙代，是一代接力一代的模式，簡稱「接力模式」（即 $F_1 \rightarrow F_2 \rightarrow F_3$）。在中國是甲代撫育乙代，乙代瞻養甲代，下一代對上一代都要反饋的模式，簡稱「反饋模式」（即 $F_1 \rightleftarrows F_2 \rightleftarrows F_3$）。費孝通認爲「反饋模式」是中國文化的特點，也是維持社會均衡的重要因素之一。這種「養兒防老」的價值觀念與子女反饋的天倫之樂的社會規範是一定要提倡的。

我們姑不論費孝通的中西文化比較是否妥當，但是我們需要提出兩個達到這反饋模式的必要條件：

第一，必須要有兒女，才有反饋的可能。在以往高出生率的多產家庭裏，這不是問題，但是在新的人口節育政策下，沒有兒女的可能性是存在的。特別是在一胎化政策下，如果這一胎是女的，將來由誰來贍養。即使女兒出嫁後與女婿同意扶養，一對小夫妻要扶養兩對老人家，怎麼負擔得起？根據人口學家馬俠在 1984 年的研究，目前大陸的平均每戶人口大約是 4.43 人。如果以家庭類型來看，則有 65% 左右家庭是二代的核心家庭。家庭內人口的減少與核心家庭的結構反映出反饋模式的難以推行。

第二、必須兒女願意，而且有能力贍養年老父母。前面，我們提到中共法律明文規定子女扶養父母的責任，但是如果兒女不心甘情願或者無能力扶養，則父母子女間的衝突必然產生。大陸的收入微薄，房屋狹窄，其他生活條件亦非富裕，既使兒女心有餘，力卻可能不足。費孝通在江蘇就看到「把老夫妻擠出去，老人們在灶屋、廂間、過道中搭床過夜的情況。」上海解放日報 1980 年 2 月曾刊出一封 76 歲老人的投訴信，指責兒子媳婦「長期對我進行精神虐待。開始，他們要我和他們分開吃飯，後來不給我生活費，進而對我打罵。」類似的報導在中國大陸新聞雜誌上屢見不鮮，我們在此不必一一列舉。

雖然中國大陸目前絕大多數的老年人是由子女贍養。社會學家張純元的估計是 93.6% 的農村老人由子女贍養 。其實這麼高的比例並不一定反映和諧的兩代親子關係，它也許正反映中共老人社會福利的缺乏。

（二）老人的社會扶養問題

中共目前的老人社會福利是以「五保」爲目標。所謂「五保」，係指保食、保住、保用、保穿、保死。使喪失勞動能力的老年人能有一般的生活水準。這種「五保戶」老人，大約佔農村老年人口的 6 %左右。

經費通常由集體經濟組織負責。供給標準雖各地稍有差別，但大致上是「每年每人供給 600 斤小麥、6 斤香油、5 斤皮棉、2,000 斤柴草、120 元現金，一年二身單衣，二年一身棉衣，五年一套被褥，房屋由生產隊提供，治病由隊裏實報實銷，死了由隊裏發喪。」

對五保戶老人的贍養辦法，大致上可分爲四種：

第一、集體供給，分散贍養。凡老人在生活方面尙能自理並願意單獨生活者，按供給標準給付，由其自行組織日常生活。

第二、多分養老田，親屬代耕贍養。此類老人一切費用由代耕戶負擔。生產隊可分給每個五保老人相等於一個半人或兩個人的責任田做爲養老田。免繳公糧、徵購和提留等優待。

第三、辦敬老院，集中贍養。由隊裏把入院老人的供給份額撥交敬老院，集中居住，共同起伙。

第四、統一供給，專人護理。對那些生活上失去自理能力又不願入敬老院者，除按供給標準給付外，另給每月 20-30 元工資爲其雇請傭人，專門照料老人，護理飮食起居。

在上述四項贍養方式中，第一類最爲普遍，第四類最少。至於敬老院，全國大約有 9,800 所，入院老人 138,000 左右，佔五保老人之 5.1%，農村老人口數之 3.2% 而已。除此之外，有極少數的生產大隊，辦有老年農民退休制度。這種老人因爲有了固定的退休金，收入不錯，常成爲子女爭相要奉養的對象。尤其是幹部的退休金更多些。

退休制度在都市地區比較做得普遍些。估計 1981 年全國退休職工有九百五十萬人， 1982 年增至一千萬 。預計今後每年會有一百萬人退休。根據林樂農和耿昆兩人對北京市退休職工的調查，社會各職業的退休職工退休金通常比一般家庭每人平均收入要高，而且也足夠應付個人消費之所需。因此，「大部份職工的退休金高於家庭收入。在經濟上退休職工不是家庭的拖累。」

表三是他們兩人所做的老人經濟狀況比較，供讀者參考。

表三：大陸老人收入（北京）

職業 項目	幹部	高級知識份子	文教衛生人員	工人	商飲服職工
平均退休金（元）a	86.0	157.8	63.0	48.1	41.7
家庭收入（元）b	50.7	124.6	55.9	43.6	34.1
a/b	170%	126%	113%	110%	122%
估計每人消費額（元）c	47.4	72.5	40.0	42.8	37.5
c/a	55.1%	45.9%	63.5%	88.9%	90.0%

資料來源：林樂農，耿昆，「退休職工考察」表二。

不過我們必須提醒讀者，表三資料並不能用來代表中國大陸退休老人。因爲這項調查是在北京市，而中國百分之八十的人口仍在農村。而且這項調查地區是北京市東四街道與月壇街道，居民水準相當高，還包括了中共國務院與鐵道部宿舍，樣本包括幹部25.4%，高級知識份子4.5%，文教10.7%，工人50.5%，商飲服務業8.9%。因此，在這個地區調查的高生活水準是可預見的，不應用其來代表大陸都市，更不能代表大陸農村的老人經濟狀況。林樂農和耿昆兩人指出，這批退休職工「由於退休金收入高於個人消費水準，因此，退休職工具有承擔家庭經濟義務的能力。他們負擔的對象有三：一是撫養經濟未獨立的子女；二是補貼已婚子女；三是幫助孫輩看管。

（三）老幹部退休問題

在一個共產主義的社會裏，社會問題和政治問題是分不開的。中共目前在處理老人問題最積極的要務是老幹部退休的問題。近兩三年來，中共積極推動幹部的「年輕化」，培植第三梯隊的接班人。胡耀邦在1985年9月就曾表示在1986年的黨代表大會時要討論「叫老年人交班的問題。」鄧小平在同年十二月的一次軍委會座談會上也曾表示，在過去兩年來，軍級以下軍官雖然平均年齡已經下降，「但年老的軍官仍是問題。」

這種「年輕化」運動到了去年九月二十三日開幕的中共十二屆五中全會時達到高潮，一百三十一位「老幹部」在會前宣佈退休。現年八十五歲，1922年入黨的何長工在退休酒會上稱：「黨號召廢除領導職務終身制，我完全擁護，要從我們這一輩人做起，立下這個規矩，爲後人做個好榜樣。退休是老幹部的心願和歷史任務，是發自內心的感情。」他接着舉杯祝胡耀邦、李先念、鄧小平「祝你們掌好舵。」

根據中共自己的報導，從 1978 年以來，大約有爲數一百零八萬的老幹部從崗位上退休，有二十多萬年輕幹部昇進掌權。目前，國務院平均年齡大約是五六歲半，比以前年輕了五歲，省委書記平均年齡是五十八歲，年輕了七歲半，省長平均年齡是五十五歲半，年輕了將近四歲。

爲了達到安撫這批老幹部的退休，中共最高當局頗費一番苦心，一方面給予相當優厚的退離金，另一方面允許退休老幹部繼續擁有房子、汽車等等物質享受。不僅如此，中共更安排退休老幹部子女接班。雖然如此，中共的幹部「年輕化」還是遭遇到不少阻撓。尤其在中央級的高幹上更是如此。這一方面是因爲不少幹部懷疑鄧小平的幹部「年輕化」目的在於排除異己，用以鞏固其四化運動的權力基礎，難以信服。另一方面則是因爲退休後權力消失的恐懼、權力與特權享受在今日中國大陸是不可分的，沒有權力就可能沒有特權享受。在一個法制尙無成規，而且貧窮的國家裏，權力是一切生活享受的來源。雖然目前中共當局對退休者優惠條件，到底是暫時性的。

北平「中國青年報」的一篇報導間接反映了退休老幹部的苦悶:「沒有會議可去，沒有文件可讀；外出時沒有前呼後擁，回家後也不再門庭若市；官氣少了，同人交談，相互平等。」例如，一個過去掌管負責運輸的上海市委老幹部，退休後，公家派的小轎車收回了，他每次出門必須同一般市民一樣去搭乘公車或電車，他立刻發現上海的公運系統，既亂且舊，每班車少說要等二十分鐘以上，多則一小時；服務員態度也惡劣，口出穢言；車內更髒亂不堪，甚至糞便橫流。這是他過去從來沒看到也沒想到的現象，他感慨地說，他把實情提供給過去任職的部門參考，結果領導幹部以爲他不甘心退休，故意醜化上海運輸體系，以顯示他過去的「政績」。中共當局希望他們發揮餘熱，可是掌權新幹部卻聽不進去。

四、權力轉移問題

在上面我們已經談到中共對老幹部退休相當積極、在幹部「年輕化、知識化、專業化」口號下引進了不少新進幹部替換年老者。一個問題一直是大家所關心的是年輕化運動下的權力轉移問題，這批新進幹部到底能否獨當一面，發揮所能？中共的政策會不會因此批新進幹部而有所改變，朝向開放和理性的目標。我的看法是不僅目前不會，而且在短時期內這批年輕者亦不可能有太大的作爲。下面幾點理由是值得注意的:

（一）中共目前的權力仍然掌握在一羣老年人手中。中共政治局常務委員平均年齡是七十五歲，政治局委員平均年齡是五十九歲半。決策權力很顯然是在老人手上。尤其在目前的體制下，只有鄧小平「說的話算數」，其他的都是「胡說八道」之下。老年人權力仍然落實。

（二）中國由古至今，對老年人一向尊崇。老人的社會地位一向較高。因此，老年人的意見對年輕幹部仍有影響力。尤其老年幹部過去三十幾年的宦海浮沉鬥爭經驗更是新進年輕幹部求生存的樣板。

（三）中國政治由古至今，權力一直是依附在個人身上。今日中國大陸亦然。正式官位之有無並不一定代表某個人之政治權力。因此，這些年老幹部退休後雖然已無正式官位，其政治權力並非完全消失。

（四）中國政治向來非常重視師徒關係。引進者爲師，被引進者爲徒。今日大陸有不少新進幹部靠關係昇進，對引進之老幹部必得償報。因此，老幹部可藉門生間接影響政策之決定方向。

（五）在此次老幹部退休運動中，鄧小平允諾退休者子女之接繼。所謂「太子黨」卽指這班人。權力之由家族關係延續，相當明顯。

（六）中共幹部之選拔一向重視黨性。雖然新進幹部有知識，有專業，但黨性之重要性仍然是必要條件。但是黨性的培養是長期性的，是主觀的。因此，新進幹部在短期內不可能完全付以重任，必受年老幹部之監督觀察。

（七）絕大多數奉命退休者是 1949 年建國的開國英雄，有相當的貢獻。不可能一下子就棄之一邊，完全不顧。而且這批人也不會完全心甘情願的就這樣眼睜睜地把他們血汗拼出來的成果拱手讓人。

（八）新進幹部雖然有知識，有專業，但這並不代表他們就有領導才能，有政治統御能力。爲了能發揮其專才，爲了達到其目標，這批新幹部必然要借重或甚至於依附年老幹部，以鞏固其權力。在這種情況下，退休者仍可指揮或影響決策，尤其在地方單位上，更是如此。

基於上述理由，我們認爲目前和短時期內，年輕新進幹部仍然無法獨當一面。中共的四化運動之成功與否，以及其未來之發展，端賴這羣年輕幹部之擺脫老年人之控制與影響。這批年輕幹部一方面沒有參加過解放革命戰爭，較老幹部缺少共黨認知感。另一方面有較高的教育水平和專業知識，可發展出較理性的政治管理技術。因此，如果他們能夠成功地擺脫老年幹部的陰影而自成一格，對整個中國的前途的影響將是比較正面的。從十九世紀中葉迄今，中國的現代化運動一直是一種由上而下的運動。因此，政治領袖的眼光、魄力、以及策略不僅決定了現代化的步調和目標，而且也影響到現代化的成敗。因此，這批年輕新進幹部的歷史任務是相當沉重的。

五、結　語

中國大陸老年人口之增長與鄧小平的幹部年輕化運動，使得老人問題的討論和研究相當的受到重視。1982 年，中共成立了「中國老齡問題全國委員會」由副總理萬里負責。全國各地亦有老年人保健協會，北京市宣武中醫院也設有老人醫療方面的部門，天津市政府去年也做了一個該市老人生活調查。中國社會學社裏也設有老年社會學組，而且報章雜誌上亦常有報導和討論老人問題的文章。這種熱烈氣氛，我們相信還會持續下去一段時期的。

(本文原載於「時報周刊」海外版，64-65 期，1986)

臺灣地區休閒活動之探討

一、休閒活動之基本概念

（一）工作與休閒

在人類歷史裏，兩種思想意識一直交互影響人類的生活。一種意識強調如何製造、發展和利用器具以增加人類在自然環境裏的生存能力。這就是雷德弗 (R. Redfield, 1953) 所稱之工藝秩序 (technical order) 的問題。另外一種意識則是偏重於生活的品質與意義、人際關係、以及社會經驗之培養。這亦即是哲學家們通常所稱之道德秩序 (moral order) 或拉伯坡特 (R. Rapoport, 1975) 所指之人文秩序 (human order) 的問題。

人類在早期的遊牧、狩獵、農業時期裏，幾乎時時刻刻都必須注意到環境改變所可能帶來的災害。也就是說，大部份的時間都花在如何求生存的問題上。自然環境對人類生命的威脅逼迫人們無法鬆懈，必須時刻與自然鬥爭，工具的製造發展和利用因此也就成爲人類主要思考的對象和目標。當工具越發達，則人類應付並控制自然環境的能力就越增高。

這種以工藝技術來控制自然的努力，在十七世紀以後的三百年間有了很顯著的成就。因爲十七世紀工業革命的最主要特徵就是人類能用機器來代替人力，以工藝技術來應付、控制，以及改變自然環境，使其爲人類所利用，不僅增加人們生存的機會，而且也相對地提高了人們的生活品質。這種以工藝技術爲中心的人類社會進化在最近百年來，更是顯著。發明的速度驚人，發明的種類繁多，而其用途日益廣泛。

法普（Peter Farb, 1978）把歷史上人類的幾項重要工藝技術發展做比較，強調在工業革命以後的突飛猛進。這些發展包括：

750, 000B. C.	火的取用。
3, 500 B. C.	輪子的利用、熔解金屬。
2, 600 B. C.	航海船隻的製造。
1, 200 B. C.	鑄鐵技術。
300 B. C.	滑輪、水平儀、螺旋、喞筒、水車等之發明。
A. D. 650	風車的使用。
A. D. 850	炸藥。
A. D. 852	燃煤以取熱。
A. D. 1, 386	機器鐘。
A. D. 1, 606	蒸汽機的使用。
A. D. 1, 787	汽船的發明。
A. D. 1, 800	電池。
A. D. 1, 852	載人用之電梯。
A. D. 1, 859	石油井。
A. D. 1, 874	脚踏車、電話、汽油引擎。
A. D. 1, 880	電燈泡。
A. D. 1, 882	商用水力發電。
A. D. 1, 903	萊特兄弟飛行成功。
A. D. 1, 923	曳引車和壓路機。
A. D. 1, 926	液體引擎火箭、電視機。

A. D. 1, 937　噴射引擎。

A. D. 1, 945　原子爆炸。

A. D. 1, 946　電子計算機。

A. D. 1, 954　氫彈、原子能發電廠。

A. D. 1, 957　人造衛星。

A. D. 1, 958　雷射。

A. D. 1, 969　太空人登陸月球。

A. D. 1, 976　超音速飛機定期商用班機。

如果我們用圖來表示，則人類工藝技術的成長過程應該如下圖所示：

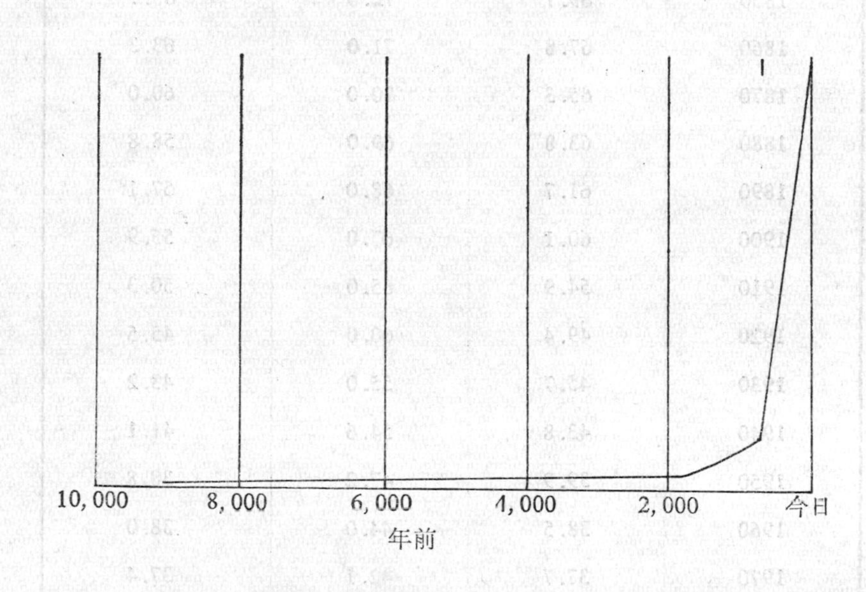

換句話說，工藝技術對人類社會發生重大的改變還是最近的事。從工業革命以來，工藝技術的突飛猛進大大的改變了人類生活的範圍與品質。新的工藝技術使得以往原本獲取不到的事物及理想更接近實現。也就是說，人類以前做不到的，因爲工藝技術的發展而可以做得到了。也

因此，人的價值觀念和人與人之間的關係也受到影響而有所改變。

工藝技術的發展使得人們必須花在工作的時間相對地減少縮短了，因爲機器不僅代替了人力，而且做得比人工要快要好。從表一裏，我們可以看到美國人從 1850 年至 1972 年平均每星期花在工作的時間是愈來愈短。

表一：美國農工業工作時間之減退，1850-1972（單位小時）

年代	所有工業	農業	非農業
1850	69.7	72.0	65.7
1860	67.8	71.0	63.3
1870	65.3	70.0	60.0
1880	63.8	69.0	58.8
1890	61.7	68.0	57.1
1900	60.1	67.0	55.9
1910	54.9	65.0	50.3
1920	49.4	60.0	45.5
1930	45.7	55.0	43.2
1940	43.8	54.6	41.1
1950	39.9	47.2	38.8
1960	38.5	44.0	38.0
1970	37.7	42.1	37.4
1971	37.5	43.7	37.1
1972	37.6	42.8	37.4

資料來源：Kando, 1975, p. 78

工藝技術的發展雖然縮短了人們的工作時間，但這並不一定就是證明人們眞正花在休閒的時間增加了。我們必須記着緊跟着工業革命後出現的資本主義精神，因爲這個新精神強調生產和利潤的最高度發揮，而努力積極工作正是達到這精神的必需手段。韋伯（Max Weber, 1958）在他的名著《基督新教倫理與資本主義的精神》（*The Protestant Ethic and the Spirit of Capitalism*）就曾分析這種勤奮工作的新倫理。他指出喀爾文教派所代表的基督新教相信侍奉上帝的方式不在於參加週日禮拜或其他宗教儀式，而是把世上的事務做好，每個人的心靈都可能直接與上帝交通，而侍奉上帝最好的方式是把個人在世上的事務做得盡善盡美：不奢侈、不浪費、不懶惰等。此種新的宗教倫理號召每一個人認眞勤奮、盡心做自己本分的工作。

資本主義的工作倫理要求時間卽金錢的指導原則，人的日常生活卽以工作爲中心，其他的活動皆是爲了輔助工作效率而做的。工業革命與資本主義不僅增加了人們工作的精神要求，而且也在人們時間的安排上有了很重大的改變。在農業社會裏面，人們日出而作、日入而息，而且季節的變化都必須注意，因此人們的生活習俗與活動常受季節的變化而有所改變。但是在工業社會裏，愈來愈多的人口受僱於他人，而形成馬克斯所指的無產階級（proletariats）：一個沒有資產而需出賣勞力以求生的階級。以今日的社會職業結構來推算，則此類人口佔全人類總人口之絕大多數，而且不僅包括出賣勞力的勞工，亦包括坐在辦公室內的秘書、職員、辦事員、經理人員等定期依賴薪水維持生活的所有受僱者。這種雇用關係乃造成了工作時間（working hours）和非工作時間（non-working hours）的二分法。工作時間是爲資產階級而工作，非工作時間則是爲自己而活動。在工業社會裏，這種二分法是相當明顯的。

早期資本主義所含有的淸教徒勤奮刻苦精神慢慢地在二十世紀以來

也有了改變，尤其是在機器自動化的發展後，所謂工作時間演變成不僅是指實際參與工作生產的時間，而且還包括從居住地與工作地兩者之間所需花在路途上的時間、上厠所的時間、午餐時間、喝咖啡時間、休息時間，以及定期的休假日等。而且由資產階級或公司工廠提供下班後的休閒娛樂活動亦普遍廣泛地被利用。在這種情況下，這些上述活動被認爲是與工作相關的活動。休閒活動逐漸地不再被認爲是罪惡或懶惰的，而且把它看做是可以提高生產效率，是必需的活動，也是與工作相輔相成的。正如工作一樣，休閒活動已成爲人們每日生活規律裏重要的一環。

總而言之，從工作與休閒的角度來看，人類的歷史可以說是由工藝秩序的重視轉而爲人文秩序的強調。在工業革命以前，人們爲生存而掙扎，工作是必要的；工業革命後早期的資本主義社會裏，則因過份重視生產效率與最高利潤而視時間爲金錢，拚命工作；但是在今日的後工業時期社會裏，工作與休閒已成爲不可分割的日常生活的一體兩面。

（二）休閒活動之類型

休閒活動是指甚麼，一直是爭論的題目。古典派的理論認定休閒活動（leisure activities）主要地應該是個人心靈高等價値的培養，但是大多數的社會科學家卻比較偏重於把休閒活動視爲人們不必工作而能利用此段時間輕鬆自己，發展人們身心的活動。後者的定義用法包括兩個主要層次：一個是指可以自由支配使用的時間，另一個則是指娛樂性的活動。

美國學者卡普連（Max Kaplan, 1960）認爲按照上面第二種定義來分析，任何具備下列特徵的活動都可說是休閒活動：

1. 非經濟性或酬賞的活動
2. 少量的社會角色義務

3. 心理感覺上的自由

4. 自願性的活動

5. 低度的「重要性」的活動

換句話說，按照卡普連的說法，休閒活動係指那些不是爲了經濟酬賞的活動，沒有太多的社會角色義務的負擔、心理感覺上的自由，不是爲他人而做的，也不是社會上所謂「重要」的活動。

卡普連指出當我們對休閒活動加以分類時，應該注意一些必須要問的問題，例如：

1. 活動的主要目標是不是爲人？（例如：探訪朋友）

2. 規則的重要性如何？（例如：比賽、競技）

3. 個人參與程度如何？（例如：參加球賽或僅做觀眾）

卡普連根據上述三個問題原則，將休閒活動分爲六大類：社交(sociability)、組織 (association)、遊戲 (game)、藝術 (art)、動作(movement)、靜止 (immobility)。我們可以把卡普連這種分類法與毛雷 (Ray Maw, 1969) 和時間預算 (Time-budget) 研究計劃裏所用的分類法做一比較。這比較可見於表二。

另外一種常見的分法是把音樂、文藝、舞蹈、戲劇、繪畫等藝術性之創作與欣賞看做是上流文化(high culture)，而把電影、電視、流行音樂歌曲、運動競技、廣播收聽等歸類爲通俗文化(popular culture)。這種上流文化與通俗文化的分類牽涉到四種層面。根據肯杜 (Thomas Kando, 1975) 的分析，他認爲這四種層面是：

1. 量的差異：所謂上流文化係指少數上流社會人士所參與之活動；而通俗文化則是大多數民眾都能參與的活動。

2. 社會階層的差異：上流文化係指都市社會裏貴族、上流社會份子、權勢者、富人等之文化活動；而通俗文化則是大眾文化。

表二：休閒活動三種分類法之比較

卡普連分類	毛雷分類	時間預算分類
社交	交談、聚會等	社會生活、會談
組織	—	組織
遊戲	運動類	運動
藝術	戲劇	電影、戲劇等
動作	吃喝、整理庭院、開車兜風、「自製」	散步
靜止	輕鬆、電視、廣播、閱讀、嗜好	休息、電視、廣播、閱讀、嗜好。

資料來源：Stanley Parlar, The Sociology of Leisure Table 1, p. 40

3. 質的差異：上流文化係指歐洲傳統的知識份子所欣賞的文化；而通俗文化則指鄉土草根性文化。換句話說，上流文化是高等的好文化，而通俗文化是下等的壞文化。

4. 特性的差異：上流文化與通俗文化代表着兩種不同性質的活動，沒有好壞或高低之分，也沒有上流社會與下層階級之差別。將活動按照其個別的特質加以區分，以為參考之用。

休閒活動之種類包羅萬象，每一個社會對休閒活動的喜好亦往往不同。例如，足球（soccer）在歐洲，特別是拉丁美洲，相當盛行，但是只有很少數的美國人欣賞它。而美式足球（American football）則為美國人最狂愛的球賽，其他國家可以說幾乎沒有人玩美式足球。中國人對桌球的喜好亦遠非美國人可比擬。

人們對休閒活動之喜好也常因社會變遷而有所改變。在電視尚未流行普及的 1930 年代以前，收音機是美國家庭之寵物，而現在電視機則幾乎每家必備。汽車長途旅遊也是近幾十年的新發展。

另外，人們在年齡上的差異也會在選擇休閒活動上有所不同。年輕人比較喜歡動的休閒活動：現代流行的搖滾樂、球賽等皆是。中年人則對聚會性的社交活動有興趣。老年人偏向於閱讀、電視、音樂等比較慢節奏的休閒活動。

總而言之，休閒活動之喜好常因人而異，因地和時之不同而不同。任何研究必須注意到這些因素的可能影響。因此，討論今日臺灣地區休閒活動就必須在這些因素下討論，才能切實際。

二、臺灣社會變遷與休閒活動

（一）臺灣近年來之社會變遷

沒有一個人會否認臺灣近三十年以來社會各方面正在進行激烈顯著的變遷。這些變遷包括經濟、政治、家庭、宗教、教育等方面。也因此，臺灣的休閒活動有了很顯著的變遷。本節將先描述臺灣近年來之社會變遷。

從許多方面來看，臺灣社會變遷中最顯著而且影響最大的應該是經濟結構上的改變。從 1950 年代到 1980 年代，臺灣的經濟有了重大的改變：它由一個以農業爲主的經濟結構改變爲一個以外銷出口貿易爲主的工業社會；它也由一個所謂低度開發國家一躍而成爲開發中國家裏之典範。

在政府遷臺的早期，農業人口佔全省總人口之絕大多數，而農業生產值亦比工業生產值所占的比例要高。這兩種由農業轉變到工業的過程可以在下面二表很清楚地看出。如果我們再把農業和工業在總出口值上的比例來加以比較的話，則這種由農爲出口主要產品轉到工爲主要產品之變遷過程至爲明顯，表四的百分比對照是值得注意的。

表三：農業人口之減退（百分比）

年	農　業	非農業	年	農　業	非農業
1951	52.87%	47.13%	1971	39.74%	60.26%
1956	50.03	49.97	1976	33.70	66.30
1961	49.04	50.96	1979	32.23	67.77
1966	44.69	55.31			

資料來源：中華民國六十八年統計提要，p. 36

表四：臺灣經濟結構之改變（百分比）

年	佔總生產值比		年	佔總生產值比	
	農	工		農	工
1952	35.7%	17.9%	1975	15.9%	36.5%
1955	32.5	20.9	1976	13.8	38.2
1960	32.4	24.6	1977	13.4	38.3
1965	26.8	28.1	1978	12.0	40.3
1970	17.6	34.1			

資料來源：英文中國年鑑，1979，p. 186

臺灣經濟發展的最重要的一個經濟政策是以發展出口貿易的工業。這種措施不僅替臺灣的產品打開了一個龐大的市場，而且更重要的是吸引了國外資金和技術，提高了國內的工業技術水準和商業管理的新觀念。我們可以說，沒有近年來出口貿易的大幅增加，絕不會有今日臺灣之經濟發展。依表六把臺灣歷年來的國際貿易總值做一個長時期的比較，明顯證實臺灣國際貿易之迅速長成。

表五：農工業產品出口值之比較（百分比）

年	佔總出口值		年	佔總出口值	
	農	工		農	工
1952	91.9%	8.1%	1975	16.4%	83.6%
1955	89.6	10.4	1976	12.4	87.6
1960	67.7	32.3	1977	12.5	87.5
1965	54.0	46.0	1978	10.9	89.1
1970	21.4	78.6			

資料來源：同表四，p. 187

表六：臺灣國際貿易總值之成長

（單位：美金百萬元）

年	貿易額	年	貿易額	年	貿易額
1965	1,006	1970	3,005	1975	11,261
1966	1,158	1971	3,904	1976	15,765
1967	1,447	1972	5,502	1977	17,872
1968	1,692	1973	8,275	1978	23,714
1969	2,262	1974	12,605	1979	30,877

資料來源：中央銀行，臺灣經濟統計圖表，1980，表 10

臺灣經濟由農業轉向工業和由進口轉而爲出口貿易的顯著結果是經濟成長率的迅速上昇。從 1952 年至 1979 年之間，其經濟成長率平均年率爲 9.1%，是這期間世界上少數能長期維持高成長率的地區之一。在表七，除了 1974 和 1975 兩年因受石油危機的影響呈現偏低之外，其餘幾乎每年都有輝煌的成長率。

表七：歷年來臺灣經濟成長率（百分比）

年	經濟成長率	年	經濟成長率	年	經濟成長率
1961	6.83%	1973	12.82%	1977	9.86%
1966	9.01	1974	1.12	1978	13.85
1971	12.90	1975	4.24	1979	8.03
1972	13.31	1976	13.48		

資料來源：中華民國國民所得，1979，表 5，p. 20

工業的成長帶來了經濟的繁榮，也增加了人民的財富，國民平均每人所得大幅增高。在 1951 年時，平均每人每年國民平均所得爲新臺幣 9,354 元，但在 1979 年時則已增高至新臺幣 48,957 元。（參閱表八）

表八：臺灣平均每人國民所得

單位：新臺幣（按 1976 年固定價格計算）

年	每人所得	增加率	年	每人所得	增加率
1951	9,354	……	1974	34,438	−3.68%
1956	10,222	9.28%	1975	34,910	1.37
1961	14,097	3.65	1976	39,468	13.06
1966	19,752	6.31	1977	42,167	6.84
1971	29,524	10.05	1978	46,295	9.79
1972	32,512	11.14	1979	48,957	5.75
1973	35,753	9.97			

資料來源：中華民國國民所得，1979 年，表 8，p. 26

但是平均國民所得的增加並不是臺灣經濟成長過程中唯一值得驕傲

的地方，分配均勻的國民所得才是臺灣最令人驕傲的成就。按照1978年的資料顯示，1964年時所得最高的20%家庭的總所得是最低20%家庭總所得的5.3倍。這差距在1978年時已縮小到僅有4.2倍。在許多開發中國家裏，一個經濟成長過程中很嚴重的問題是貧富差距的增大，往往富者更富，貧者更貧的分配不均現象。臺灣能避免這問題，是經濟學家們（Fei et al, 1979）最稱讚的成就。（參閱表九）

表九：個人所得按戶數五等分位之分配（百分比）

	1964	1966	1968	1970	1972	1974	1976	1977	1978
1. 最低所得組	7.71	7.90	7.84	8.44	8.60	8.84	8.91	8.96	8.89
2.	12.57	12.45	12.22	13.27	13.25	13.49	13.64	13.48	13.71
3.	16.62	16.19	16.25	17.09	17.06	16.99	17.48	17.31	17.53
4.	22.03	22.01	22.32	22.51	22.48	22.05	22.71	22.57	22.70
5. 最高所得組	41.09	41.45	41.37	38.69	38.61	38.63	37.26	37.68	37.17
5與1等位之倍數	5.33	5.25	5.28	4.59	4.49	4.37	4.18	4.21	4.15

資料來源：中華民國臺灣地區個人所得分配調查報告，1978，表五，p. 10

近三十年來臺灣的經濟發展改變了臺灣的經濟結構，但也同時導致了社會結構的變遷。有些改變是因經濟發展而起，有些則是與經濟變遷併行改變。

人口的變遷就是與經濟變遷並行改變的一個例子，但同時它也受到經濟發展的影響。以臺灣總人口來看，1951年時，人數爲7,869,247人，1978年時則已增至17,135,714人。換句話說，在27年之間，臺灣人口增加了將近一千萬人，這數目是相當驚人的。而這將近一千萬新增人口之食衣住行育樂問題都必須由社會來加以解決。因此，經濟發展的成果充份提供了這些新增人口之需求。

雖然臺灣總人口增加數字龐大，但是如果單從出生率來看，則出生率由1951年的49.97減至1978年的24.11。從表九來看，臺灣人口粗出生率在這期間內，大致上是呈漸趨下降的現象。死亡率歷年來也是下降的。在表九我們可以看到粗死亡率由1951年的11.57降低至1978年的4.68。在這種出生率與死亡率同時下降的情況下，臺灣人口的自然增加率亦呈現下降的趨勢，1951年時之自然增加率原爲38.40，亦即該年每千人中新增38.40人口，但在1978年時則已降至19.43。因此，卽使是總人口在數目中有顯著增加，但其增加速度已轉呈緩慢的趨勢。

臺灣人口變遷另外二個値得提出來討論的現象是老年人口的增加與平均生命餘命之延長。這兩個現象是相互關連的。在1951年時，老年人口才占全省總人口2.46%，1978年則已增至4.03%。以生命餘年來討論，1951年時男爲53.1歲，女爲57.3歲，1978年則延長到男69.2歲，女74.3歲。(見表十）這種現象是經濟發展後國民生活水準提高的顯著結果。

表十：老年人口與平均餘年比較

年	老年人口在總人口比*	平均餘年**	
		男	女
1951	2.46%	53.1	57.3
1956	2.44	59.8	65.4
1961	2.50	62.3	67.7
1966	2.71	64.1	69.7
1975	3.55	68.4	73.4
1978	4.03	69.2	74.3

* 中華民國68年臺灣省統計年報，第38期，表15。

** Statistical Yearbook of Republic of China, 1979, Table 18.

人口的增加、自然增加率呈緩慢的趨勢，老年人口增加、以及生命餘年之延長都是臺灣近年來人口變遷之特質。但是最需要我們注意的，而且也最影響國人休閒活動方式的，應該是人口的都市化。

根據社會學家的估計（王維林，1981），臺灣十一個大都市從 1940 年到 1978 年之間共增加了三倍以上的人口。尤其是臺中市和高雄市兩地區增加幅度最大，前者增加的百分率是 565.4%，後者為 559.0%。以臺北市來看，在 1940 年時之人口才不過是 353,744 人，1978 年時則已激增至 1,495,550 人，增加百分比為 322.8%。

若以全省十萬人口以上之都市來分析，1957 年時此類都市只有八個，其人口亦僅占總人口之 27.5%，但在 1978 年時，此類都市已增至 21 個，而其人口已占總人口之 45.4%。換言之，全省有將近半數人口居住在十萬以上之都市區域內。若以三萬人口以上與人口密度五百人為標準計算，則此類人口約占全省總人口 79.3%。（王維林，1981）

因此，臺灣都市人口不僅在急速增加，而且亦趨於集中於大型都會區，特別是臺北市與高雄市這兩個院轄市以及臺中市、臺南市、基隆市等三個省轄市。而且最近似乎亦已開始有郊區化（suburbanization）的現象。郊區化係指人口由都市中心遷移至郊區的現象。陳寬政（1981）發現臺北都會區內平均每人對市中心點（臺北火車站）之距離愈來愈大，表示都會區人口正以愈來愈快的速度向郊區擴散。

臺灣的家庭結構近年來也有了改變。其主要特徵包括下面幾點:

1. 平均家庭人口數的減少。在 1940 年時，平均每戶人口為 5.85 人，1979 年已減少到 4.86 人。其原因可能是：(a) 人口的高度都市化；(b) 教育程度之提高；(c) 職業移動性之增加；(d) 價值觀念之改變；(e) 家庭計劃之推行成效；(f) 西方文化之影響。人口都市化造成都市空間的擁擠，狹窄的公寓和國民住宅實無法維持一個兼容數代的大家庭或子女眾多的「多子多孫」的家庭。而工業化職業結構的改變造成了職業流動和移動之增加，更無法擁有人口眾多的大家庭組織。(蔡文輝，1982)

2. 職業婦女的增加。婦女參加勞動生產人數之增加是臺灣今日家庭結構的一大特色。一方面它減少了婦女在家庭經濟中依賴男人的角色，另一方面它增加了婦女在家庭權力分配中的重要性。

3. 婚姻對象選擇之開放。由父母全權安排的婚姻現在已經很少了。不過這也不就等於說，婚姻對象已完全聽由年輕人來自由安排。一個比較合乎實際的說法是子女的婚姻是由父母子女同意下的抉擇。當然在這種情況下，婚前男女兩性的聚會或約會亦逐漸成爲年輕人擇偶過程中必經的路程。

4. 離婚似有昇高之趨勢。在 1951 年時，離婚對數只有 3,858 對，1978 年已增至 10,630 對。以每千人人口來比較，則 1951 年時爲 0.50 人，1978 年爲 0.63 人。

在宗教方面，臺灣近年來的廟宇有很顯著的增加趨勢，無論在寺廟教堂數目上增長很快，而且在信仰人數上亦大爲增加。瞿海源 (1981)的研究證明了上述增加的趨勢。

臺灣宗教變遷不僅僅只是在寺廟教堂及信徒人數之增加，而且還有兩點值得注意的特徵：

1. 政治與宗教的分合關係漸趨複雜。大致上來講，外來宗教比較關心政治，也較受政治干擾，民間傳統信仰則附屬於政治，受政治宣導擴大。傳統民間信仰之寺廟亦成爲人們的休閒活動去處之一。

2. 宗教的商業化。寺廟成爲觀光勝地，廟宇主持人以商業經營原則與方法來辦理宗教事業。佛光山卽爲一明顯例子。

在教育制度方面，我國政府爲配合社會與經濟發展之需求，在制度上曾作了若干重大的改革，其中包括：(a)提高國民教育之普及性；(b)國民教育量與質的並進；(c)延長國民義務教育；(d)廣設職業教育；(e)倡導推廣教育。

從人口統計來看，1951 年不識字人口約占總人口 34.6%，1979 年已減至 10.7%。各級學生對總人口之比，1951 年時每千人人口中有 144.19 個學生，1979 年時增爲 260.51 個。學校總數在 1951 年時爲 1,703 所，1979 年增至 4,950 所。而且平均每 100 平方公里有 13.68 所學校。

教育素質的增高亦是很明顯的。根據統計，高等教育人口在 1951 年時爲六歲以上人口之 1.3% 而已，1979 年已增至 6.8%，中等教育由 8.4% 增至 35.8%，初等教育由 42.1% 增至 44.0%，可見增加幅度最大的是高等教育，其次爲中等教育。

這種高等教育之增長可由大專院校總數由 1951 年的 8 所增至 1978 年的 101 所，研究所由 4 所增至 185 所，大專院校內之科系數由 66 個增至 1,059 個，學生數由 8,209 人增至 317,798 人：其中男生由 7,107 人增至 194,131 人，女生由 1,102 人增至 123,057 人。(蔡文輝，1982)

在政治方面，中華民國政府在過去三十年來，中央級的政治領導階級的穩定與權勢的持續是有目共睹的。同時，議會體系的建立和執行上亦有顯著的發展，逐漸邁向民主憲政的政治。

大致上來講，在過去三十年間，中華民國中央政府與國會領導階層所代表的是一個很穩定的政治體系，政策的決定權早期是操之於以黨和軍爲核心的人物，但從 1960 年代晚期開始則已逐漸由專家政治所代替。這一批新崛起之專家科技英才一方面創造了今日臺灣的經濟奇蹟，另一方面亦因這奇蹟而更鞏固了其領導地位。國會方面則在 1970 年代起注入新進增額委員而逐漸引起國人之矚目。

經濟發展的結果也導致了國民生活水準素質的提高。政府在充裕的財源下，在教育、科學與文化等項目的支出以及對社會福利的關懷亦因此相對增加。根據政府的統計資料顯示，在 1952 年時，教育、科學、文化三項支出僅占政府該年度總支出之 7.8%，在 1979 年已增加到 15.8%；在社會福利方面亦由 1952 年的 5.6% 增加到 1979 年的 11.2%。

政府在國民住宅上的投資金額亦大幅增加。1956 年時投資額爲五億元左右，在 1979 年時則超過四百六十六億元。以戶數來分析：同時期內則由 3,280 戶增至 6,554 戶。

下表是把幾個主要代表國民生活素質的指標做一長期性的比較，很清楚地描述了臺灣各方面生活素質的提高和進步。

表十一：生活素質指標之變遷

年次	I	II	III	IV	V	VI	VII	VIII
1952	1.0	3.9	—	28.8	—	427	112	2,448
1956	1.4	5.2	10.6	27.4	—	2,763	187	3,467
1961	2.1	9.2	10.8	30.8	—	761	262	4,711
1966	3.4	14.3	10.6	38.6	49.4	2,199	341	4,948
1971	7.7	32.7	12.1	41.1	559.0	8,504	533	5,447
1976	19.4	84.2	19.3	53.1	931.1	9,109	786	6,404
1979	32.4	146.4	22.6	63.8	1,007.5	9,520	837	7,243

註：Ⅰ—每千人汽車輛數　Ⅱ—每千人電話架數　Ⅲ—每萬人醫護人員數
Ⅳ—自來水普及率（%）Ⅴ—每千戶電視機架數　Ⅵ—圖書出版數量（册）
Ⅶ—全國性人民團體數　Ⅷ—地方性人民團體數

資料來源：同前表

臺灣近三十年來急速工業化與經濟發展的結果帶來了社會結構上如前所述的質與量的變遷。這些變遷從而引起了某些社會問題的產生及其日益嚴重性。公害問題包括空氣污染、自然環境生態破壞等是工業化前所未曾有的，而今天卻是嚴重的問題之一。勞工問題亦是新的問題，而且有日益嚴重之趨勢。老年問題之擴大、家庭倫理之改變、以及犯罪率之昇高等都是大家必須關心檢討的。

總而言之，臺灣近年來的經濟發展和社會變遷有值得我們驕傲的地方，但也有值得我們加以檢討的問題。當我們討論生活素質時，必須兩者皆考慮在內。這樣才能增加我們對臺灣社會的全盤瞭解。

（二）臺灣休閒活動現況

如前所述，近三十年來的社會經濟發展給臺灣居民帶來了某些新的生活方式。富裕的國民經濟不僅滿足了人們的食衣住行的基本生活需求，而且也提高了人們的休閒層次。所謂「提高」是包括兩方面：(1) 休閒時數的增加，也就是說人們用在休閒活動之時間增長；(2) 休閒範圍之擴大，亦即可供人們選擇的休閒項目種類增多。我們下面的討論即以此二方面來分析。

從休閒時數增加的層面來分析，臺灣地區平均每月休閒時數顯示着隨工業經濟成長之昇降而有昇降之平行趨勢。大致上來看，時數是增加的。從下表，我們可以明顯的看出在 1966 年時，平均每月休閒時數爲 492 小時，逐年增加，到 1974 年之最高峯 513 小時，此後略呈下降，1978 年降至 506 小時，不過從 1974 年至 1980 年大約保持在 508 或 509 小時之間。

平均每月休閒時數係指平均每月總時數減去平均每月工作時數之差。從表十二之升降趨勢，很顯然地 1974 年是休閒時數最長的一年。我們知道臺灣經濟在 1974 年以前一直是相當快速成長的，這段期間

表十二：平均每月休閒時數

1966	492
1967	493
1968	495
1969	503
1970	501
1971	503
1972	506
1973	503
1974	513
1975	510
1976	509
1977	506
1978	508
1979	508
1980	509

資料來源：社會福利指標，1981，p. 14

（大約從 1960 年至 1973 年）是臺灣出口貿易的黃金時期，勞工需求量大增，幾有供不應求的狀況，失業率低。因此，工廠和資方爲爭取可用的勞工，亟力設法增加工資和工人福利，工作時間縮短和休假日之增加因而成爲工人福利之兩項重大措施。在這種情況下，休閒時數自然增加。可惜的是 1974 年以後由於經濟受到石油危機的影響，再加上近幾年來全球性的經濟不景氣，臺灣出口貿易受阻，工廠營業績下降，工人失業率提高，工廠和資方對勞工之福利無法兼顧，因此，工作時間相對延長而影響到工人之休閒時數之減少。另外一點，我們必須提出的是，表十二的統計資料始於 1966 年（492 小時），我們無法明確知道這以前到底是多少時數，不過以 1966 年當時之經濟發展程度來推測，1966 年以前之休閒時數應平均低於該年之 492 小時的時數。

休閒活動範圍的擴大也許是臺灣近年來在經濟發展影響下最顯著的改變之一。爲了方便討論起見，我把這些活動分成下列幾大類：

A．藝文欣賞：包括音樂、舞蹈、歌劇、戲劇、閱讀（書籍、雜誌、報紙）。

B．視聽欣賞：電視、電影、廣播、錄影節目等。

C．運動參與：田徑、球類、登山、郊遊、釣魚、其他競技項目。

D．晨間活動：土風舞、健身操、國術、慢跑、散步等。

上面這四類休閒活動中，A．B．C．三項應無爭議之處，D項的晨間活動事實上可被包含在前三項裏。我把它特別分出一類最主要的原因不在於晨間活動的內容，而是在於晨間活動的性質。因爲在所有的休閒活動裏，晨間活動是最具有鄉土風味的，而更重要的它是工業社會裏逼出來的一種對休閒活動重要性的覺醒 (awareness)，它的功能是多方面的。這些，我們將在下節加以詳細討論。

另外一點我必須聲明的是上述分類並沒有包括靜坐、睡眠、閒聊，或娛樂性餐飲與色情。這些事實上都是休閒活動之一，但是因爲資料搜集不易與其他無法控制的因素，我們在本研究裏將不討論這些娛樂和休閒活動。

我國目前對休閒活動之系統性研究，可說相當的缺乏，即使有也是很粗淺的。到目前爲止，眞正以休閒活動爲中心所做的調查只有中華民國民意測驗學會在 1981 年 3 月至 6 月間做的問卷調查，其樣本戶爲 800 人。其所問問題包括：電動玩具、社交舞、土風舞、廸斯可舞、音樂欣賞、看電影、歌劇、京戲、歌仔戲、布袋戲、大陸地方戲劇、圍棋、象棋、麻將、橋牌、登山、旅行、釣魚、划船、露營、網球、羽毛球、桌球、游泳、溜冰、保齡球、慢跑、晨操等。

按照中華民國民意測驗學會所做的調查報告：82%的人喜歡音樂、

70%會玩麻將、58%會玩象棋、33%會橋牌、31%會圍棋、30%曾玩過電動玩具；28%會跳交際舞、25%會土風舞、14%會跳廸斯可舞；78%喜歡看電影、17%喜歡歌劇、16%喜歡歌仔戲、14%喜歡平劇、6%喜歡布袋戲、4%喜歡大陸地方戲劇；38%喜歡旅行、33%爬山、19%露營、15%釣魚、8%喜歡划船；68%喜玩羽毛球、56%桌球、61%游泳、44% 網球、32% 溜冰、21% 保齡球；54% 曾做晨操、26%曾做慢跑運動。

這個調查所包括項目眾多，可惜調查報告所做的分析太膚淺，未能深入分析，我們無法經由此報告而詳知我國人民休閒活動的全貌。

另外一個比較有系統的調查是由行政院經濟建設委員會住宅及都市發展處在 1978 年 11 月所出版的「臺灣地區國民生活結構調查分析報告」。這個報告將休閒活動分上班前、中午休息時、下班後、休假日等四段不同自由時間來探討。

按照該報告資料，臺灣地區上班前的休閒活動主要集中於讀書報雜誌、運動和其他三項，共占全部活動的 94.6%；中午休息時主要是午睡、做其他事、看電視或聽廣播及讀書報雜誌等四項，尤其是前二項即占 63.2%；下班後以看電視或聽廣播、做其他事兩項最多，占 70.8%；休假日則以做其他事最多 (48.3%)，郊遊旅行次之 (13.1%)，看電視聽廣播再次之 (9.2%)。

資料之缺乏是研究臺灣休閒活動之最大困擾。在這裏我們所能做的因此亦只是零碎片斷性的。我們試圖整理出一個頭緒來供日後研究者參考。

有關(A)藝文欣賞類之休閒活動，我們不知道有多少音樂會、舞蹈發表會、歌劇或戲劇曾經在臺灣的舞臺上表演過，我們也不知道有多少民眾參加這類活動。目前我們有的只是閱讀項的資料。

閱讀性的休閒活動主要的是指書籍、報紙、雜誌等之閱讀。依據政府的統計資料（行政院，1981），1952 年時出版圖書總册數是 427 册，1980 年時之出版册數已是 8,876 册。而且從 1969 年以後，每年之出版册數皆在 8,000 册以上。可見出版事業之鼎盛與人們閱讀興趣之增加。

從報紙雜誌閱讀來看，則平均每千人所閱讀之報紙雜誌有明顯增加的趨勢。從下表，我們可以看出在 1964 年時每千人人口只有 37.4 份報紙雜誌，但在 1980 年時則已增加到每千人人口有 141.8 份。這種增加數是相當可觀的。

表十三：每千人份報紙雜誌

1964	37.4
1965	—
1966	38.9
1967	—
1968	41.8
1969	—
1970	53.1
1971	61.1
1972	73.4
1973	76.2
1974	83.1
1975	88.6
1976	90.4
1977	119.2
1978	140.5
1979	141.3
1980	141.8

資料來源：同前表，p. 14

最近，柴松林 (1982) 的調查報告指出，在臺灣的幾家主要報紙中，中國時報的讀者最多。他發現讀中國時報的占 34.01%，聯合報 31.79%，中央日報 16.39%，臺灣時報為 4.53%，新生報 3.25%，中華日報 3.15%。從這個統計來看，很顯然地，中國時報和聯合報兩報合起占來了將近三分之二的讀者。（見表十四）

表十四：報紙閱讀率比較

報紙 \ 讀者 %	合計	男	女
中央日報	16.39	15.05	17.35
中華日報	3.15	3.75	2.61
中國時報	34.01	35.00	32.71
聯合報	31.79	31.06	32.92
臺灣時報	4.53	4.51	4.70
新生報	3.25	4.03	2.30
其他		6.62	7.42
合計	100%	100%	100%

資料來源：柴松林 1982a, p. 35

根據柴松林的說法，臺灣地區二十歲以上的人口中每 2.7 人就有一份報紙；以總人口來看，則每 4 人有一份報紙。

若以年齡來分析，則柴松林的調查顯示，中央日報讀者的年齡分配最為均勻，其中 20–24 與 25–29 歲兩年齡組占 37% 的讀者，但 60 歲以上讀者仍占有 8.6% 比率算是很高的；中國時報與聯合報仍以 20–24 與 25–29 兩年齡組最多，但是與其他年齡組來比較，則遠比中央日報更集中於此兩年齡組；中華日報和臺灣時報皆集中於 25–29 此一年齡組。

其實很明顯的，今日臺灣報紙的讀者是以 20–34 歲者占絕大多數，也就是說以青年人與初期中年人爲報紙之主要讀者。在中央日報，他們占 50.3%，在中國時報則占 58.1%，在聯合報占 59.0%，在中華日報占 50.8%，在臺灣時報占 51.6%，在新生報占 46.1%。換言之，幾個主要報紙有將近或超過一半的讀者是年齡 20-34 歲之間。

表十五：報紙讀者年齡之分配

報紙／年齡	中央日報	中國時報	聯合報	中華日報	臺灣時數	新生報	其　他
20～24	17.6	21.4	22.6	12.7	11.2	13.8	10.1
25～29	19.4	23.8	22.1	27.0	27.0	16.9	10.9
30～34	13.3	12.9	14.3	11.1	13.4	15.4	5.1
35～39	9.3	9.3	7.6	17.5	7.9	9.2	5.8
40～44	9.6	8.9	6.4	4.8	10.1	7.7	6.5
45～49	9.6	6.1	7.8	9.5	7.9	7.7	9.4
50～54	7.1	6.9	8.3	6.3	9.0	12.3	9.4
55～59	5.6	5.0	4.3	3.2	7.9	9.2	13.8
60以上	8.6	5.8	6.9	7.9	5.6	7.7	29.0
合　計	100.0	100.0	100.0	100.0	100.0	100.0	100.0

註：各項數字均爲百分比

資料來源：柴松林 1982b, p. 35

以教育程度來看，柴松林的報告發現未受正式教育之讀者，閱讀中央日報、中國時報、聯合報之比率較其他各受較高教育程度者爲低，而「集中於未列名各報，竟然高達 44.65%」。雖然柴松林未指出他所歸類於「未列名各報」究爲何種報紙，但不難想像應係地方性的報紙。

表十六：報紙讀者教育程度之比較

教育程度＼報紙	中央日報	中國時報	聯合報	中華日報	臺灣時報	新生報	其　他
未受正式教育	5.98	4.51	4.28	8.20	4.70	4.76	51.45
小　學	14.15	16.82	14.76	16.39	23.53	17.46	20.29
初　中	12.26	17.27	16.67	31.15	14.12	25.40	7.25
高　中	21.38	23.57	24.29	22.95	34.12	25.40	8.70
軍警學校	7.55	4.65	2.85	0.00	4.71	1.58	2.17
專　科	16.67	11.26	10.95	4.91	12.94	3.18	2.89
大　學	18.24	17.12	21.27	16.39	3.53	20.64	5.80
研究院所	3.77	4.80	4.93	0.00	2.35	1.58	1.45
合　計	100.00	100.00	100.00	100.00	100.00	100.00	100.00

註：各項數字均爲百分比

資料來源：柴松林 1982c，p. 35

有關（B）視聽欣賞類之電視、電影、廣播收音、錄影節目等，可能是近幾年來經濟發展下增長最速的休閒項目，前述行政院經建會的報告裏發現中午休息時間和下班後自由時間裏，此類活動相當受歡迎的。依照行政院所編的社會福利指標資料，每千戶電視機在 1964 年時是 14.3 架，但在 1980 年則已增至 1,019.6 架。換句話說，目前臺灣電視機平均每戶有一架以上之電視機。以廣播電臺來看，雖然增加率遠不如電視機，但在同時期內亦由每十萬人 0.6 電臺增加到 1.7 電臺。以電影院來看，因受電視機與其他休閒活動之競爭而緩慢其增加率。例如，1961年時臺灣地區有 474 所，1980 年時有 551 所。二十年之間才增加 77 所，座位容量亦只從 1962 年的每千人 22.2 座位略增至每千人 27.3。觀眾人數亦由平均每年觀賞的 1961 年之 8.6 次增至 1980 年之 13.0 次。成長

緩慢，雖然觀賞總人口在增加。（見表十八）

表十七：每千戶架電視機

年	架數
1964	14.3架
1965	—
1966	49.4
1967	—
1968	174.8
1969	—
1970	371.0
1971	559.0
1972	670.2
1973	738.3
1974	842.5
1975	882.8
1976	931.1
1977	981.2
1978	989.9
1979	1,007.5
1980	1,019.6

資料來源：社會福利指標，1981，p. 14

至於發行影片數目，1981 年約有國片 275 部，西片亦爲 275 部。錄影機的數目，雖然目前沒有資料，但從錄影帶出租公司的紛紛成立可見觀賞者相當多。因爲電視之日益普遍，而且資料亦較完整，我們就對電視做進一步的分析，供大家參考。表十七爲電視機增長情形。

臺灣現在有中視、華視、臺視等三家電視臺。播放時間因受政府之限制大致上：週一至週五是中午十二時至下午一時三十分爲午間節目時間，下午六時至十一時三十分爲晚間節目時間。華視另有晨間教學與新聞氣象時間約從上午五時五十分至八時三十分。周末節慶休假日則晚間可延長至十二時，午間節目時間可延續整個下午。

依照楊孝濚（1978）的研究，三臺節目每週播出次數，以一週播出一次的節目占絕大多數 有105 個，百分比爲 75%，一週播五次者 17 個，占 12.14%，每天播放者 18 個，占 12.86%；以播出節目類型分：娛樂性節目最多占 63.57%，教育性次之占 17.14%，其次爲社會服務性占 12.88%，新聞性占 6.43%；以節目型態分：歌唱綜藝最多占 31.43%，外國影集次之占 16.43%，新聞氣象占 12.14%，電視劇占 11.32%，教育占 10%；以播出語言分：國語占 67.14%，英語 25%，臺語 7.86%。

楊孝濚的報告同時指出臺灣地區民眾收視動機最主要的幾項是「知道國家和世界大事」、「增加新知識」、「和家人朋友共享欣賞的樂趣」、「增加見聞」、「間接與社會接觸」等。詳細情形，請參閱表十八。

表十八：臺灣民眾收視動機之分析形態

收視動機	是		否	
	人數	百分率	人數	百分率
增加見聞	148	82.22	32	17.78
滿足個人的好奇心	104	57.78	76	42.22
尋求解決避難的方法	91	50.56	89	49.44
尋找快樂	134	74.44	46	25.56
打發時間	138	76.67	42	23.33
和家人朋友共享欣賞的樂趣	150	83.33	30	16.67
增加與人談話的資料	119	61.11	61	33.89
間接與社會接觸	145	80.56	35	19.44
知道國家和世界大事	158	87.78	22	12.22
增加新知識	158	87.78	22	12.22

資料來源：楊孝濚 1978, p. 47

柴松林（1982）的最新調查是針對電視新聞而設計的。他發現：雖然臺灣地區民眾看電視的時間似有減短的趨勢，電視新聞時間的收視率卻反而增加。他說在年 1960 年代，電視新聞收視率爲38%，1970 年代爲 64%，到 1980 年代初期即已增至 89%，逐漸成爲報紙以外最主要的消息來源所在。根據柴松林的調查，不看電視新聞者占 10.80%，看臺視者占 36.09%，中視占 29.73%，華視占 23.38%。若以性別來分，兩性間差異並不顯著。

事實上，在許多國家裏電視的普遍受歡迎改變了人們的生活方式，特別是休閒時間的安排更是如此。在美國足球季節時，各電視臺爭相轉播幾乎每一場球賽，特別是星期日整天和星期一晚間，收視率相當的高，許多家庭因男人迷於球賽而忽視妻子和其他家務事，而造成美國人所說的「足球寡婦」(football widow)。另外，許多傳統之士也大肆批評在感恩節、聖誕節、新年假期間的體育節目，因爲它們使宗教氣氛和節慶歡樂大爲改觀。

另外，也有社會學家把受電視影響下的晚間時間稱之爲「第二個白天」(the second daytime)。他主要的理由是人們經由晚間在電視上所看到的廣告和許多訊息，使人們的身心活動與白天無異。在老年人的社會裏，電視更成爲一種極受歡迎的休閒工具。

臺灣的一般民眾對電視的依賴性有逐漸昇高之趨勢。平均每一戶有一臺以上之電視機，而且晚間的休閒活動也都與電視多多少少有關。因此，對電視節目的製作與時間上的安排實有加以系統性分析的必要。

有關（C）類運動參與之休閒活動，系統性的資料幾全等於零。田徑、球類競賽、登山、郊遊、釣魚，以及其他競技項目，我們只知道各個皆有其單項全國性及地方性組織，但是至於每年舉辦多少次活動、多少人參加、經費來源等特質，毫無可靠資料。

雖然如此，我們確信此（C）類活動是相當普遍的，尤其是球類運動更是普遍。各種球類活動裏，籃球、排球、棒球、桌球、羽毛球等皆有相當數量的觀眾和參與者。每年自由杯的籃球賽、青少棒、青棒、少棒的選拔賽，全省性的桌球和羽毛球賽皆甚轟動。特別是少棒的世界冠軍賽更曾緊扣臺灣民眾的心弦。這幾項球賽票價不貴，運動器材亦較經濟和平民化。

相反地網球和高爾夫球非常貴族化，非市井小民能享受者。以高爾夫球來說，淡水及林口球場會員額已滿，不收新會員，其他球場尚可申請，一般入會會費大約平均爲七十萬元左右；打球收費標準，最低的每次450元，最高的每次1,300元，另外球僮費、球具、服裝費等亦相當昂貴，有人曾經把高爾夫球（golf）翻譯成「高而富」最是傳神。

網球俱樂部的入會費雖然沒有高爾夫球那麼貴，但也要在十五萬元左右（包括會員費五萬元，保證金十萬元）。絕大多數的私人俱樂部都設立在臺北附近。

有關（D）類晨間活動之內容可說包羅萬象，無奇不有。這些活動包括土風舞、各派國術技藝、慢跑、健行、羽毛球、網球、體操、散步、靜坐等等。活動的地點主要的是各地之公園綠地、空曠地區、馬路兩旁、學校操場等。以臺北市爲例，最受歡迎之地點主要的有中正紀念堂、國父紀念館、新公園、臺灣大學校園、圓山等地點。

晨間活動是臺灣近年來在工業化急速發展下所衍變出的一個折衷性休閒活動。一般民眾，特別是中層階級人民，在上班八小時工作之前找出時間輕鬆自己，並同時鍛鍊身體。通常晨間活動的時間大約是淸晨五時至七時左右，亦有淸晨四時左右卽已開始活動者。

晨間活動也許可以說是今日臺灣社會休閒活動當中最具有獨特鄉土風味的。但是晨間活動欠缺系統性的指導和管理。似乎無人淸楚市政府那一個單位或機構負責推動和管理晨間活動，民政局、建設局、社會局、區公所等似乎都多多少少涉及晨間活動。其實，在所有的休閒活動中，晨間活動應是最值得提倡的。

綜上所述，臺灣經濟發展的結果，使得人們可用在休閒活動之時間增加，而且也使得休閒活動範圍擴大和活動項目增多。

三、土風舞團體活動——晨間活動的一個個案研究

在前面，我們曾再三強調晨間活動在臺灣目前各類休閒活動中最富鄉土味，也最值得大力提倡的活動。可惜的是到目前爲止，仍然沒有任何對晨間活動的系統性研究。這主要的原因是：(1) 臺灣對休閒活動研究的全盤缺乏；(2) 晨間活動欠缺具體的組織結構，難以界定；(3) 晨間活動場所分散太廣，難以觀察分析；(4) 晨間活動參與者流動性大；(5) 晨間活動項目繁多，難以一一研究；(6) 晨間活動大多數爲淸晨，很難配合研究者時間。

雖然如此，我們仍然挑選了一項晨間活動較普遍亦較多參與者的活動爲對象做初步試探式的分析。我們挑選的對象是臺北市河濱公園的兩個土風舞團體。正因爲上述幾種研究上的困難，我們無意聲稱以下的分析具有代表性。我們只不過希望藉這兩個土風舞團體的個案研究對晨間活動之特質及功能做一局部性和試探性的瞭解。

這兩個土風舞團體主要的成員是中年婦女。從資料來看，41-50 歲者占 40%，51-64 歲者占 32.5%，換句話說，從 41-64 歲者占受訪者之 72.5%。另外 31-40 歲者則占 12.5%。以性別來分，在所有受訪者當中，只有 2 位是男性，其餘 38 位皆爲女性。

我們研究的步驟是以結構性問卷表填寫爲主要資料搜集方法。首

先，研究者約談土風舞團體之隊長負責人以獲取初步基本資料，而後對該兩團體做一大約一個月的非參與觀察，以更進一步瞭解其活動，用以編製調查用問卷，最後於 1982 年 2 月中旬將問卷發交土風舞成員拿回家填寫，並於翌日交回研究者。

問卷問題主要包括三大類資料：

（一）受訪者個人基本資料：例如性別、年齡、婚姻狀況、家庭經濟背景、教育程度、家庭組成等。

（二）一般休閒活動態度性問題。

（三）土風舞參與經驗資料。

我們在本節的報告就依此三類來分析。

（一）個人基本資料

1. 省籍：本省 62.5%，外省 37.5%。
2. 年齡：20 歲以內 5%，21-30 歲 5%，31-40 歲 12.5%，41-50 歲 40%，51-64 歲 32.5%，65 歲以上 2.5%，未回答者 2.5%。
3. 婚姻狀況：已婚有配偶 77.5%，喪偶 7.5%，未婚 15.0%。
4. 家庭組成：夫婦與未婚子女 50%，夫婦無子女 7.5%，三代同堂 12.5%，單身獨居 2.5%，其他 7.5%。
5. 本人教育程度：不識字 2.5%，國民小學 12.5%，初中 20%，高中 47.5%，大專以上 15%。
6. 配偶教育程度：不識字 2.5%，國民小學 7.5%，初中 15%，高中 27.5%，大專以上 27.5%。
7. 本人職業：家務 42.5%，商業 30%，教員 10%，其他 17.5%。
8. 配偶職業：商業 42.5%，公務員 15%，農林漁礦製造業 12.5%，教員 5%，其他 25%。
9. 家庭每月平均收入：一萬以下 7.5%，1-3 萬元 45%，3-5 萬元 30%，5-9 萬元 10%，9 萬以上 2.5%，未答者 5%。

綜合上述個人基本資料之統計，土風舞成員受訪者的特性爲：本省籍婦女占多數，中年年齡 31-64 歲居多數，已婚有配偶者占四分之三以上，夫婦與未婚子女家庭組成型態者占半數，本人教育以高中最多，職業以家務居首，配偶教育以高中大專以上居半數，職業商占多數，收入則在 1-5 萬元之間占受訪者四分之三。

（二）一般休閒活動態度

1. 您覺得休閒活動是必要的嗎？

非常必要	30%
必要	65%
可有可無	5%

2. 您日常覺得有足夠時間去做休閒活動嗎？

非常足夠	20%
足夠	52.5%
剛好	20%
不夠	7.5%

3. 您日常最喜歡的休閒活動是：

看電視	12.5%
閱讀書報雜誌	17.5%
看電影	2.5%
欣賞音樂	15%
球類運動	7.5%
打橋牌或麻將	7.5%
晨間運動	35%
其他	2.5%

4. 您最喜歡的電視節目是:

電視新聞	37.5%
國語連續劇	25%
臺語連續劇	2.5%
綜藝節目	10%
平劇	10%
歌仔戲	7.5%
外國節目	7.5%

5. 您家裏目前訂有幾份報紙?

一份	52.5%
二份	35%
三份以上	7.5%
沒訂報紙	5%

6. 您家裏目前訂有幾份雜誌?

一份	45%
二份	27.5%
三份以上	12.5%
沒訂雜誌	15%

7. 您平均一個月到外面看電影的次數是:

不到一次	45%
1～3次	35%
不看電影	20%

8. 您去看電影時通常是:

自己一個人去	27.5%
跟家人一齊去	55%

跟朋友去　10%

不看電影　7.5%

9. 您平均一個月到公園幾次？（不包括晨間活動）

不到一次　35%

1～3次　40%

4次以上　15%

從不去公園　10%

10. 您去公園時通常是：

自己一個人去　30%

跟家人一齊去　60%

跟朋友去　2.5%

不去公園　7.5%

（三）土風舞参與經驗

1. 您參加土風舞活動有多久？

1-3 個月　2.5%

4-6 個月　20%

6月-1年　17.5%

1-2 年　40%

2年以上　20%

2. 您如何得知這土風舞活動？

朋友介紹　55%

報紙上閱悉　2.5%

公告　17.5%

其他　25%

3. 您平均一個星期來幾次？

不到1次	5%
1-2 次	10%
3-4 次	17.5%
5-6 次	7.5%
每天來	57.5%

4. 您早上來時是何種方式：

自己一個人來	45%
跟家人一齊來	22.5%
跟朋友來	27.5%
其他	5%

5. 您早上來時之交通工具是：

走路	90%
開（搭）車	5%
機車	2.5%
其他	2.5%

6. 您家距離此公園走路約：

10分鐘以內	67.5%
10-20分鐘	27.5%
20-30分鐘	0
30分鐘以上	5%

7. 除了土風舞時間外，您跟其他團員來往程度是：

常常來往	60%
偶爾來往	37.5%
從不來往	2.5%

8. 您曾否在跳完土風舞後留下來跟其他團員交談：

常常留下來　65%

偶爾　30%

從不留下來　5%

9. 您認爲這活動的最大好處是:

有益身體健康　62.5%

多認識朋友　22.5%

增進家庭幸福　2.5%

其他　12.5%

10. 您先生（太太）對您參加這活動的意見是:

十分贊成　25%

贊成　60%

無所謂　10%

反對　2.5%

十分反對　2.5%

11. 您子女對您參加這活動的意見是:

十分贊成　25%

贊成　65%

無所謂　7.5%

未回答　2.5%

12. 您曾否因參加這活動耽誤您先生(太太)上班或子女上課時間?

常常　5%

偶爾　35%

沒有過　60%

以上爲我們這次以臺北市河濱公園兩個土風舞團體所做的問卷統計資料。我們並沒有做更進一步的相關分析，主要的原因是這個研究的目的並不在於做代表性的通則解釋晨間活動，只不過是希望藉此研究提供未來做類似研究者的參考。

其實，單單從上面的簡單百分比的分配，我們仍然可以看出一些晨間活動的基本特徵的。例如有絕大多數的受訪者認爲晨間活動（土風舞）最大的好處在於「有益身體健康」和「多認識朋友」，前者是私人的身體保健，後者則是社會功能的表現。另外，有95％的人舞後曾留下與其他團員交談，97.5％在土風舞以外的時間曾與其他團員來往等也是社會功能的表現。像這一類的問題應該是今後研究者皆必須特別加以注意並強調的。土風舞只不過是晨間活動之一種，其他的活動亦應多加研究分析。

四、結　論

如果我們把臺灣過去三十年來的社會發展分成三個時期，則 1950 年代應該是臺灣工業化起飛的時期。在這一時期裏，我們看到人口由農業占絕對多數而逐漸轉到工業人口占優勢的局面，我們也看到在全國總生產額裏，工業生產額的百分比的急速增加。1960 年代則是經濟成長時期。在這一時期裏，臺灣的出口貿易額大幅度增加，國民所得提高，失業率下降而幾達到完全充分就業之狀況。1970 年代是現代化時期。在這一時期裏，經濟以外之政治社會發展已開始受到重視，社會由經濟發展之成果而邁進社會化之階段。

在這種變遷的階段裏，臺灣人民生活素質大爲提高，無論在食、衣、住、行、或育樂等各方面皆大有改善，由匱乏而富裕。以休閒活動來看，人們擁有非工作的休閒時間增加了，人們能花在休閒活動的金錢也相對提高了。因此，臺灣地區休閒活動的方式亦有所改變。這些改變包括:（a）因工藝技術的發展而產生或推廣的新式休閒活動。例如，電視機之普遍和電視節目之廣受歡迎。（b）因財富增加而享受之休閒活動。例如餐飲和其他聲色方面的休閒方式。（c）因文化交流而引進之西式休閒活動。例如高爾夫球、硬式網球、回力球、橋牌等活動。（d）因都市和工業社會緊張壓迫下的反動性休閒活動。例如晨間活動、國術、土風舞等傾向傳統式的活動。

本篇論文將休閒活動在都市工業化社會裏之特質詳加描述，並藉此探討臺灣目前的休閒活動現況。一方面，我們是希望利用現有的文獻資料將臺灣的休閒活動做一學理性和系統性的描述，另一方面，我們也希望藉本篇論文而吸引更多的學者注意這方面的問題。本研究只能說是一個開始而已。

參考書目

一、英文部份

Farb, Peter

1978 *Humankind* Boston: Houghton Mifflin.

Kando, Thomas M.

1975 *Leisure and Popular Culture in Transition.* Saint Louis: The C. V. Mosby.

Kaplan, Max

1975 *Leisure: Theory and Policy*. New York: John Wiley & Sons.

Maw, R. and Cosgrove, D.

1972 "*Assessment of Demand for Recreation: A Modelling Approach*" Built Environment Research Group, Polytechnic of Central London, Discussion Paper, April.

Parker, Stanley

1976 *The Sociology of Leisure*. London: George Allen & Unwin.

Rapoport, Rhona and Rapoport, Robert N.

1975 *Leisure and the Family Life Cycle*. London: Routledge & Kegan Paul.

Shivers, Jays.

1981 *Leisure and Recreation Concepts*. Boston: Allyn and Bacon.

Redfield, R.

1953 *The Primitive World and its Transformation.* Ithaca, N. Y.: Cornell University Press.

Weber, Max

1958 *The Protestant Ethic and the Spirit of Capitalism.* New York:

Charles Scribner's Sons.

二、中文部份

蔡文輝

1979 《社會學理論》。臺北：三民。

1981 《社會學與中國研究》。臺北：東大。

1982 《社會變遷》。臺北：三民。

楊孝濚

1978 《電視與電視問題》。臺北：東吳大學。

柴松林

1982a 〈那一家報紙最受歡迎？〉時報雜誌 125:35.

1982b 〈報紙讀者的年齡結構〉時報雜誌 128:34.

1982c 〈報紙讀者的教育程度〉時報雜詩 130:36.

生活素質中心

1981 《中華民國社會報告研討會統計資料彙編》。臺北：明德基金會生活素質中心。

行政院經濟建設委員會

1978 〈臺灣地區國民生活結構調查分析報告〉。行政院經建會。

1981 〈社會福利指標〉，民國七十年。臺北：行政院經建會。

行政院主計處

1979 〈中華民國國民所得〉。臺北：行政院主計處。

1980 〈臺灣地區個人所得分配調查報告〉。臺北：行政院主計處。

李鍾元

1982 〈休閒活動〉刊於社會報告——生活素質之評估。臺北：明德基金會生活素質中心。頁 180-187.

（本文原載於明德基金會生活素質研究中心編之生活素質論叢第一集，1984年出版）

臺北市都市社區人際關係與竊盜犯罪之分析

（本研究報告係根據「加強都市社區人際關係以防止竊盜犯罪之研究」調查資料所撰寫。「加強都市人際關係以防止竊盜犯罪之研究」計劃是吳尊賢文教公益基金會為響應政府肅清竊盜犯罪而予以財務上研究經費支助。研究計劃主持人為前臺北市政府社會局專門委員，現臺南縣政府主任秘書黃俊雄先生，指導教授與報告撰稿者為國立臺灣大學社會學系客座教授蔡文輝博士，兩位研究助理員是東吳大學社會工作研究所研究生朱美珍小姐和黃春長同學。）

一、前　　言

在犯罪學的理論文獻裏有一個很值得注意的理論觀點，認定現代化的結果必然帶來犯罪率的增加與犯罪方式的改變。這兩種現象曾經發生在早期歐洲工業化的過程裏，也正發生在目前一些開發中國家的現代化經驗裏。(Clinard and Abbott 1973, Shelley 1981) 這種理論觀點又指出財產犯罪 (property crimes) 的增加是現代化過程裏最嚴重和最明顯的特徵。社會學者和犯罪學者 (Shelley 1981, Idacola 1982) 認爲其主要原因是現代化過程裏的經濟發展、都市人口高度集中、所得分配不均等特質皆有利於財產犯罪的昇高。

中華民國臺灣地區近三十年來，無論在政治、經濟、或文化發展上都已有顯着的進步，尤其是經濟上快速的成長更是有目共睹的事實，而且也是西方經濟學家再三稱讚的奇蹟之一。（Kahn 1979, Fei 1976, Tsai 1982）但是在此種急速工業化和經濟高度成長的衝擊下，臺灣的社會亦正經歷社會結構上顯著的改變：人口出生率逐年減低、休閒活動時間的延長和休閒種類的增繁、婦女家庭和職業角色的改變，教育的普及與昇高、國民財富的增加、新中產階級的形成等等。

但是不幸的是我們也同時目睹各種社會問題的日益嚴重，干擾社會安寧與穩定。社會問題包括老年人口的增加、勞工與資本家的衝突、少年問題之廣泛、環境污染問題、都市住宅問題、交通問題、以及犯罪問題。在這些社會問題當中，最受社會領導階級和一般民眾關懷的是犯罪問題，特別是竊盜問題。從理論上來看，臺灣今日所經驗的犯罪問題型態很符合現代化與犯罪的理論模式。最近明德基金會生活素質中心所舉辦的國人生活優先次序的安排研究裏就發現，國人對犯罪的憂慮使得治安問題名列最優先。（高希均 1982）把經濟發展遠排列於後。可見國人生活已不必過份憂慮，吃得飽和穿得暖已不成問題，那麼其他的社會問題自然在人們眼中愈顯得重要迫切。根據政府的統計資料所顯示的，民國三十九年臺灣地區第一審法院刑事第一審案件犯罪人數是 16,305 人，到民國六十九年時已增加到 171,977 人。如果以民國三十九年爲基數 100，則民國六十九年之指數爲 1,054.75，換句話說在這三十年間，臺灣地區的刑案犯罪人數增加了十倍以上。而且這數字還是法院審結案件，如果我們推想到實際發生未報警者或報警而未送達至法案受理者，則犯罪人數將是可觀。

臺灣經濟起飛的時期是在 1960 年代初期，而經濟最成長的時期應該是在 1970 年代初期所發生的石油危機以前。因此，我們從統計數目上來看，1960 年代（亦即民國四十九年至民國五十八年之間的犯罪情況相當穩定。民國五十九年突增將近三萬犯罪人數，但此後遞減至民國六十三年。由於石油危機所帶來的經濟不景氣和其他因素，犯罪人數在民國六十四、六十五、六十六等三年相當多，民國六十七年略呈減退，但民國六十八年又回昇，而至民國六十九年的171,977人。以民國四十九年爲基數100，則民國六十九年爲195.6。亦即二十年間增加一倍左右的犯罪人數。詳情，可參閱下表一：

表一：臺灣地區犯罪人數，民49-69年*

年	犯罪人數	指數	年	犯罪人數	指數
民國49	87,919	100	民國66	184,782	210.2
54	91,767	104	67	136,449	155.2
59	127,750	145.3	68	141,605	161.1
64	131,026	149.0	69	171,977	195.6
65	168,062	191.2			

* 本表所列犯罪人數，係指第一審法院刑事第一審案件終結人數。

資料來源：中華民國統計要覽，民國六十九年，表284，pp. 802-5

根據上表所述，臺灣地區犯罪人數之增加是無可置疑的事實。那麼我們必須再進一步問的是那些罪是最常犯的？依據民國六十九年的資料來分析，竊盜罪犯者有10,552人，占總犯罪者之6.13%，爲第一位。傷害罪10,440人，占6.07%，爲第二位。詐欺背信罪8,357人，占4.86%，爲第三位。賭博罪7,170人，占4.17%，爲第四位。殺人罪5,615人，占3.26%，爲第五位。在表二，我們把這五類犯罪人數歷年來之演變做一比較。

表二：臺灣地區五大犯罪人數之比較

年	竊盜	傷害	詐欺	賭博	殺人
民國 49	13,685	7,734	7,179	993	1,440
54	18,262	8,927	6,770	1,308	2,042
59	14,894	9,464	7,363	2,314	3,040
64	12,515	7,790	7,911	5,292	3,912
65	9,660	8,021	9,729	7,862	4,082
66	9,339	8,597	9,998	10,173	4,050
67	9,243	9,034	8,272	6,817	4,541
68	9,192	9,730	7,476	7,900	4,992
69	10,552	10,440	8,357	7,170	5,615

資料來源：同前表

從表二所列臺灣地區五大犯罪項目人數來分析，增加幅度最大的是賭博犯由民國四十九年的 993 人劇增到 7,170 人，而竊盜犯人數不僅沒有增加，反而是遞減，由民國四十九年的 13,685 人減至民國六十九年的 10,552 人。這種現象而且是持續的，而非突然的驟減。爲了方便比較起見，我們把上表之數字換以指數來比較，增減趨勢可說一目瞭然。表三是以民國四十九年爲基數 100。

很明顯地，賭博增加的幅度最大，二十年間增加的指數是 722.1，殺人次之，其指數是 389.9，傷害增加指數爲 135.0，詐欺爲 116.3，而竊盜不增反減，指數爲 77.1。這是一個很讓人困擾的問題：竊盜犯罪從數字上來看不但沒有增加，而且是比二十年前減少。可能用來加以解釋這種減少的背後因素者包括：(1) 政府的統計數字不可靠。中華民國統計要覽所依據的資料在警政司法方面是由各地方警政機關和地方法院

表三：臺灣地區五大犯罪人數指數比較

年	竊盜	傷害	詐欺	賭博	殺人
民國 49	100	100	100	100	100
54	133.4	115.4	94.3	131.7	141.8
59	108.8	122.4	102.6	233.0	211.1
64	91.5	100.7	110.2	532.9	271.7
65	87.9	103.7	135.2	791.7	283.5
66	86.8	111.2	139.3	1090.4	281.3
67	86.7	116.9	115.2	686.6	315.3
68	67.2	125.8	104.2	795.6	346.7
69	77.1	135.0	116.3	722.1	389.9

資料來源：同表一

呈報而得，而各地方單位可能呈報不實；這種現象在政府其他類統計報告裏亦是常有的現象。(2) 竊盜統計數字是依據第一審法院終結案件爲準，許多在地方檢查處未被起訴者並未包括在內，而且竊盜案發生報警但未破案者並未包括在內。如果這兩者加入，則竊盜案件及竊盜犯人數必然增加很多。(3) 很多竊盜案發生後，市民並未報案。市民對警察破案能力懷疑，或因所損失財物不大，爲免麻煩，沒去報案。因此，政府統計數字並不能代表眞正發生數。(4) 竊盜罪和其他四項重大犯罪相比較之下，顯得比較不那麼重要。因此，警政機構搜集登記資料時不確實。

上述這些因素都可能造成竊盜犯罪統計數字不實或偏低的現象。但是無論如何，上述因素並不一定就構成竊盜罪犯逐年減低的趨勢。那麼爲什麼我們這個社會裏幾乎每一個人都談盜色變？在上層的負責警政單位的內政部長林洋港一上任就要「三個月使鐵窗業蕭條」，報章雜誌長期持續的報導竊盜問題的專論，而市民則家家戶戶忙着裝設鐵窗和其他防盜設備。

造成這種談盜色變的心理恐懼和社會形象的原因可能是：(1) 報章雜誌和其他大眾傳播媒介渲染過度，造成似是而非的錯覺；(2) 警政機構過份誇大竊盜罪的嚴重性。竊盜犯比較容易破案，而且常常一案數破，因此在破案業績上很好看；(3) 人云亦云的集體行爲 (collective behavior) 式的行爲感染，致一家受竊，家家亦受竊的幻覺形成；(4) 知名度高之社會領袖和影視明星家之受竊，成爲新聞爭相報導，造成一般民眾之受感染；(5) 竊盜犯罪和其他財產犯罪都比較集中在都市地區，臺灣的新聞媒介都把新聞焦點放在都市新聞上，因此，發生在都市內的問題，見報的機會最多。竊盜犯罪既然是都市犯罪，則大眾傳播之報導自然頻繁，也顯得嚴重。

根據蔡德輝 (1981: 62) 的研究，臺灣地區今後的犯罪發展趨勢將是：(1) 竊盜犯罪仍是臺灣地區最嚴重的犯罪問題；(2) 經濟犯罪日趨嚴重；(3) 暴力犯罪日趨惡化；(4) 少年犯人數與犯罪率有增加趨勢。我們認爲另外一個發展趨勢將是都市犯罪率之激增。

臺灣地區人口變遷最大的特徵是急速的都市化。根據王維林 (1981) 的統計，臺灣十一大都市人口在 1940 年至 1978 年之間共增加了三倍，而在同一時期內總人口約增加不到二倍。這幾個都市當中，最大的臺北市在 1940 年時才只有 353, 744 人，在 1978 年時已增至 1, 495, 550 人，增加 322. 8%。

如果以十萬以上都市人口數來做比較，則 1978 年時，都市人口數爲 7, 774, 450 人，約占總人口之 45. 4% 如果以五萬以上人口的都市人口來算，則在 1978 年之都市人口數爲 10, 771, 647 人，占總人口之 62. 9 %。

在都市化的過程裏，臺灣地區特別是臺北市已開始有郊區化（sub-urbanization）的現象。臺北市近年來近郊地區人口增加相當迅速。陳寬政（1981）發現臺北都會區人口對市中心的平均距離愈來愈大，表示都會區人口正以愈來愈快的速度向郊區擴大。

臺北市是中華民國臺灣地區現有最大的都市，人口在民國六十九年有 2,220,427 人。其人口組成特質、都市型態、工商業結構等皆與臺灣省其他地區和高雄市迥異。因此，犯罪的型態可能亦有所不同。根據臺北市政府所刊印之臺北市統計要覽（1981），臺北市刑案在民國六十九年發生 12,455 件，其中竊盜案有 8,087 件，傷害 443 件，詐欺 270 件，賭博 402 件，殺人 176 件，強盜 233 件，恐嚇 311 件。以百分比來說，則竊盜案占所有刑案之 64.93%。

雖然如此，竊盜案件並不是臺北市歷年來增加最速的犯罪，如果以民國五十七年爲基數 100，則臺北市在民國六十九年發生的刑案總數是指數 156.6，竊盜案指數 133.7，搶奪強盜案指數 423.6，殺人案指數 83.8，傷害案指數 161.9，詐欺指數 148.4，恐嚇案指數 257，賭博案指數 1256.3。換句話說，竊盜在過去十二年間增加速度僅高於殺人案，而低於其他幾項重大犯罪。

以犯罪人數來講，民國七十年臺北市人犯總數爲 10,323 人，竊盜者有 4,644 人，搶奪 93 人，強盜 159 人，殺人 296 人，恐嚇 504 人。以百分比來看，竊盜犯者占所有犯者之 45.0%。這數字的百分比遠比整個臺灣地區之 6.13% 多得太多。因此，無論從刑案發生件數或所犯人數來看，竊盜犯在臺北市的嚴重程度遠比臺灣全省地區高很多。

爲了方便比較起見，我們把民國六十九年臺灣地區和臺北市五大類犯罪人數之百分比做成表四。

表四：臺灣地區和臺北市五大類犯罪人數比率，民69年

	竊盜	傷害	詐欺	賭博	殺人	計*
臺灣區	6.13%	6.07%	4.86%	4.17%	3.26%	24.49%
臺北市	41.67%	6.13%	2.25%	8.11%	3.08%	61.24%

* 此項百分比為五大類犯罪人數在總犯罪人數之比。臺灣地區包括臺灣省、臺北市、高雄市。

資料來源：中華民國七十年統計要覽，中華民國七十年臺北市統計要覽。

從上表，很明顯地有兩個值得注意的特徵。(1) 臺北市的五大類犯罪人數占總犯罪人數之高比例，61.24%；(2) 竊盜犯罪人數占臺北市總犯罪人數有41.67%之多，幾近半數。這兩個特徵說明臺北市都會區的犯罪類型比臺灣地區更集中於幾類主要犯罪，而且更明顯的是竊盜犯在臺北市之猖獗。

如果我們把注意力集中在竊盜犯的問題上，那麼為什麼從統計數字上來看，竊盜犯無論從案件數目或犯人數目上來看皆是那麼多？一個可能的解釋原因是臺北市的資料是依據市警察局的刑案統計資料。這類資料只包括市民經警局處理之案件，某些類型的犯罪，例如詐欺可不經警局直接向法院提出控告，因此沒被包括在警局統計之內，相形之下，經警局登記之案件乃顯得多。另一個可能解釋的理由是竊盜案件可能是警局的查案工作重點，因此數目登記完整，故顯得多，而且常常一個竊盜犯罪者曾犯過數次竊盜案，當他被捕時，警局的記錄上很自然就登記破了數次案件，數目自然高。

雖然如此，我們仍然不能否認竊盜犯在臺北市的嚴重性。也可類推想像在其他都市社區裏的嚴重性。也就難怪大家把注意力集中在竊盜犯罪類上。如果我們同意上述統計數字的話，那麼為什麼竊盜在都市社區

內會那麼嚴重呢？其原因何在？

社會學在研究犯罪行爲時是把它算做差異行爲的一種。所謂差異行爲（deviant behavior）是指一個人的行爲違反了社會大眾所共認的規範。犯罪行爲事實上也就是一種不爲社會大眾所認可的行爲。社會學對犯罪行爲的興趣不在於發現誰是犯罪者，而是在於探討犯罪原因或型態。

因此，本研究對竊盜犯罪的重點是試圖去找出竊盜犯罪的型態以尋求可能防治的措施。基本上我們認定竊盜罪是因社會結構所導致的。因此，預防或防治竊盜之可能措施亦應由社會結構着手，既然都市社會之竊盜犯罪高過於鄉村地區，那麼都市社會之結構可能就是主要原因之一。

都市社會和鄉村社會之最大的差異在於人際關係之不同。(Porter 1976, Jacobs 1961) 許多社會學者都相信都市社區的人際關係過份強調個人性（individuality)、間接性、正式性、工具性的次級關係（secondary relation)。這類人際關係膚淺、有疏離感，且可能導致社會的問題的產生。

本研究的基本假設是都市社會的人際關係的好壞會影響竊盜犯罪行爲的產生。換句話說，人際關係和睦的社區，竊盜犯罪會顯得低些；相反地，人際關係疏遠者，竊盜犯罪會顯得高些。

根據這個基本假設，我們希望提出一些建設性的建議，一方面說明社區人際關係的重要性，另一方面亦提出如何加強人際關係以共同預防竊盜犯罪的增加。

二、研究方法

(一) 抽樣與問卷設計

本研究的最主要目的在於探討分析社區人際關係和竊盜犯罪率高低之可能關係，試圖以社區內鄰里人際關係來說明竊盜犯罪之發生特徵和居民對竊盜犯罪之態度。因此，本研究所需樣本之抽取乃依據臺北市行政區域內各地區在民國七十年所發生的竊盜案件多寡和犯罪率高低，而分成竊盜率高、中、低等三類抽樣依據地區。

根據臺北市警察局的七十年辦理刑案統計表，臺北市該年共發生竊盜案次數爲 9,895 次。若單以竊盜次數來看，則臺北市 16 個行政區內，以中山區所發生的 1,673 次爲最多，其次爲松山區的 1,595 次，再其次爲大安區 1,405 次，其他次序分別爲 (4) 士林、(5) 城中、(6) 古亭、(7) 北投、(8) 龍山、(9) 雙園、(10) 景美、(11) 木柵、(12) 大同、(13) 南港、(14) 內湖、(15) 延平、(16) 建成。

但是竊盜案的次數本身不足以反映各地區竊盜犯罪之實際狀況或其嚴重性，因爲每一區之人口數量並不一樣。單從竊盜案件來看，在臺北市 16 個行政區域中，建成區最少，只有 175 次，但是從人口數之比率來看，該區每 1,000 人口中，竊盜發生率是 4.96，爲全市竊盜發生率第五高位者。以竊盜發生率來比較，則臺北市 16 個行政區之順序排位爲：(1) 城中、(2) 中山、(3) 龍山、(4) 大安、(5) 建成、(6) 延平、(7) 士林、(8) 松山、(9) 木柵、(10) 古亭、(11) 景美、(12) 大同、(13) 北投、(14) 南港、(15) 雙園、(16) 內湖。

犯罪學對犯罪之研究分析，通常是用犯罪率而不用犯罪數來做爲比較的單位。因此，本研究抽樣的行政區域單位是以竊盜發生率爲依據標準，分成高、中、低三組，而後再抽樣。其分配，見下表。

表五：行政區竊盜發生率與樣本分配

等次	行政區	竊盜發生率	樣本數
1.	城中	15.50	
2.	中山	6.99	
3.	龍山	6.89	高 319
4.	大安	5.04	
5.	建成	4.96	
6.	延平	4.65	
7.	士林	4.63	
8.	松山	4.22	中 97
9.	木柵	3.73	
10.	古亭	3.15	
11.	景美	3.07	
12.	大同	0.27	
13.	北投	0.26	
14.	南港	0.24	低 184
15.	雙園	0.22	
16.	內湖	0.21	

樣本數分配是以此三地區裏每一地區人口數與總人口數之比例抽出。在這原則下，高犯罪率地區之樣本爲 319 戶，中爲 97 戶，低爲 184 戶。

高犯罪竊盜率地區包括城中、中山、龍山、大安、建成等五區，其竊盜發生率皆在 4.96 以上；中竊盜率地區包括延平、士林、松山、木柵、古亭、景美等六個行政區，其竊盜發生率在 3.00 以上；低竊盜率地區包括大同、北投、南港、雙園、內湖等五個行政區，其竊盜發生率爲低於 3.00 以下。大致上來講，高地區較集中於市中心，而低地區偏於郊區。

雖然如此，由於受限於時間和經費，我們決定由高、中、低三組竊盜發生率地區中各挑出一個行政區爲代表，集中抽樣。我們挑出來的三個行政區是高竊盜發生率的中山區，中發生率的木柵，低發生率的雙園。這三個行政區的另一個特徵是它們可代表臺北市市中心區和郊區之差別。

高地區的中山區是一種以商業型態和新型都市設施爲代表的地區，中地區的木柵則是典型的郊區，公教宿舍與學校多，而低地區的雙園區卻是臺灣省舊式的街鄉住宅型態社區。

詳細的樣本分配，可見於下表六。

樣本數決定後，研究助理分赴各區公所抄錄受訪者之姓名地址。約集 20 位訪問員在臺北市勞友之家舉行講習，時間是民國七十一年三月二十一日上午九時至十二時，講解調查表之各項問題與訪問員應有之訪問技巧和態度。四月二日並舉行訪問員討論會，集中檢討並處理訪問期間已發生之枝節困難。全部面談訪問於民國七十一年四月十六日完成。本研究採取面談式訪問（face to face interview）的主要原因是求其眞，而且亦較能有效控制問卷之實際回覆數。

問卷統計工作是交由ＣＤＣ電腦有限公司處理，其所使用之電腦程式是依ＳＰＳＳ裏之已有程式來統計。ＳＰＳＳ（statistical package for social sciences）是專爲社會科學統計分析所設計，因此使用上頗爲簡易。

問卷內容主要包括三項基本資料：(1) 受訪者個人資料，包括家庭

表六：樣本分配細目

抽樣	里名	戶數	抽取樣本數	間距
雙園區	和德里	825	30	27
	保德里	789	29	27
	榮德里	1187	44	27
	厚裕里	540	21	27
	寺前里	782	30	26
	綠堤里	998	30	31
中山區	正白里	702	29	24
	聚盛里	1141	34	24
	謙和里	506	21	24
	福樂里	772	31	24
	新生里	924	33	24
	松基里	770	31	24
	中央里	1133	45	24
	復國里	856	30	25
	復興里	504	21	20
	中福里	1070	44	24
木柵區	華興里	573	31	18
	博嘉里	703	34	23
	試院里		32	
計			600	

收入、年齡、教育程度、職業、家宅型態、人口等；（2）社區鄰里人際關係態度與實際行爲之測量；（3）竊盜犯罪之發生或其態度之測量。

問卷問題之設計以結構式問題（structured questions）爲主。牽涉到態度時，則儘量以量表（scale）方式詢問。問卷問題先由訪問員唸，再由受訪者回答經訪問員塡寫於問卷表上。

（二）樣本戶之特徵

在本研究所抽出樣本戶之受訪者，按性別來分男性占 50.5%，女性占 49.5%。可以說男女各半。以平均年齡來看，18 歲至 30 歲之間者占總樣本之 62.1%，31 歲至 60 歲之間占 31.6%，61 歲以上者占 15.3%。換句話說，年輕者占本研究絕大部份。

在教育程度上，大專以上教育程度者 18.5%，高中職程度者占 27.2%，初中職程度者占 16.3%，小學或識字程度者 31.3%，不識字者有 6.5%，無資料者 0.2%。從受訪者之教育程度來看，其分配相當均勻，並沒有顯着集中在高教育水準者或低教育水準者之特殊現象。

樣本戶受訪者之職業，以家管退休這項所占百分比最高（30.2%），這可能是因爲有一半的樣本戶受訪者是女性的緣故。其次爲半熟練技能者，約占 20.3%，再其次爲非技術者，占 16.2%，熟練技能者、次專業型者、專業型者等三項合計爲 24.1%，無職業者 3.5%，學生 5.8%。從職業項目來看，似有偏低的現象。

職業上偏低的現象也反映在收入上面。根據資料所顯示的結果，有 41.3%全家平均收入每月在 1 萬與 2 萬之間，全家收入可以說偏低。在 2 萬與 3 萬之間者有 26.2%。至於 1 萬以下者亦有 14.8%。3 萬至 4 萬者 10.3%。4 萬元以上者只有 7.3%。換言之，本研究樣本戶之全家平均每月收入以低收入者爲多。

收入低的另一個原因可能是因爲受訪者家庭裏有將近一半只有夫婦兩人中之一位上班有收入，占 45.3%，夫婦同時上班者有 29.8%，有工作但不同時上班者爲 24.7%。另外有 0.2% 未回答。

從家庭結構來看，有55.5%是核心家庭，亦卽是父母與未婚子女兩代同居之家庭型態。有19.3%是折中家庭，亦卽家庭成員包括祖父母、父母、子女三代人同居，有10.5%是大家庭，亦卽三代以上或有旁系親屬同住一處者。只有夫妻兩人而無子女之家庭有7.5%，單身家庭者5.7%，其他1.3%，無資料者0.2%。

三、基本資料統計分析

（一）竊盜犯罪之恐懼

本研究的主題在於探討竊盜犯罪與鄰里人際關係兩者之間可能的相關。在沒有做此項相關比較以前，我們將在本節先將竊盜犯與鄰里人際關係兩單項基本資料做一分析。

根據調查資料所顯示的，受訪者當中在過去一年內曾經遭受小偷侵入並遺失財物者只有47人，亦卽占7.8%而已。因此，正如我們在前面所提到的，竊盜案件有是有，但似乎並沒有像一般人所想像的那麼嚴重。

這種嚴重的印象很可能是由於大眾傳播的宣傳和過份誇大的描述，致造成一般人心理上一種人云亦云的恐懼感(fear)。在本研究裏，我們問了一個問題：「請問您覺得本市最大的犯罪問題是什麼？」回答的百分率可見於下表。

表七：最大的犯罪問題

竊盜案件太多	43.3%
搶刼案件太多	29.0%
賭博太多	8.5%
暴力案件太多	5.3%
其他	13.8%

從這個分配的百分比來看，有將近一半的人覺得臺北市的最大犯罪問題是竊盜問題。換句話說，竊盜問題是臺北市所有犯罪問題裏最嚴重的。可是我們剛提過事實上本研究訪問對象裏只有 7.8% 曾遭受小偷竊盜之害。這兩者之間的差距是相當大的。因此，很明顯地竊盜犯罪之受大家高度關懷並非是一般平常人之親身經驗，而是一種傳染式的恐懼感，即使我們再把一年的時間延長來看，竊盜犯受害者比例仍不高。表二的問題是：「您曾經是那些犯罪問題的受害者？」

表八：犯罪受害者項目

竊盜案件	14.3%
詐欺案件	14.3%
暴力案件	14.3%
未曾受害	57.1%

上表的資料充分證明我們提到的恐懼感的觀點，因為有一半以上(57.1%)的人從未曾是任何一種犯罪之受害者，而眞正曾經受害於竊盜案件者亦只不過是 14.3% 而已。這種恐懼感常常是由大眾傳播媒介而得，也常常是人云亦云的道聽途說而得。本人雖然沒被偷過，不過「聽說」某某人被偷過，是最常有的藉口。這種聽說的現象也在問卷裏的「請問您的左鄰右舍有沒有遭小偷？」問題回答百分比看得出來。因為在這問題的答案裏有 40.7% 回答鄰居曾被偷過，但也有 41.7% 說鄰居也從未被偷過。另外有 17.7% 回答不知道。可見自己本人或鄰居被偷的比率都不能算不高，即使是鄰居的印象雖比本人要高，但是鄰居眞的有沒有被偷，仍是一個未知數。

我們無意過份否認竊盜犯罪的存在，因為從上面所提到的一年以內被偷過的有 7.8%，鄰居亦有 41.7% 曾被偷過，本人則有 14.3% 等三項資料來看，則很顯然的，竊盜問題是存在的，只不過沒有像我們日常所看到的或聽到的，那麼嚴重而已。我們的論點因此是：竊盜問題之所以爲大家心目中最大的犯罪問題，主要的原因不是親身經驗，而是一種渲染式的恐懼感。這種恐懼感，使大家談竊盜而驚。也使很多人在屋裏外裝設各式各樣的防盜措施。從數目字上來看，則有 25.4% 人家有人看家，有 31.3% 加裝鐵門鐵窗，有 25% 裝置防盜設備，有 20.5% 飼養狗犬，有 44.4% 僱請專人看管。詳細情形，請見下表。

表九：防盜措施*

僱管理員看管	44.4%
加裝鐵門鐵窗	31.3%
有人看家	25.4%
裝置防盜設備	25.0%
飼養家犬	20.5%
無防患措施	25.3%

* 因本題可複選，故總百分率不等於 100。

除了上述防盜措施之外，有相當多數的受訪者相信竊盜是可以預防的，他們占了樣本戶的 84.8%。至於怎麼樣去預防和減少竊盜犯罪，也有 81% 的樣本戶認爲預防是全體國民的責任，更有 96.1% 的人同意社區內的治安是社區內每一個家庭的責任 。甚至於有 84.5% 同意爲了社區內的治安，花點錢也是值得的。

本研究同時也列舉了幾項預防竊盜的方法，徵求受訪者的意見。其結果列於下表：

表十：預防竊盜之方法

方法 ＼ 贊同程度	5	4	3	2	1	0
加重刑罰	30.7%	40.5%	8.0%	12.5%	1.0%	7.3%
加強社會教育、改善社會風氣	25.0	60.5	4.0	3.2	0	7.3
增強治安人員職權	7.7	49.0	16.0	18.2	1.8	7.3
增強治安人員編制、增加巡邏突檢次數	18.3	57.5	6.8	9.7	0.3	7.3
民衆熱心提供線索	19.5	60.0	10.2	2.8	0.2	7.3
居民自組守望相助、鄰里聯防	19.7	59.5	8.8	4.7	0	7.3
居民分僱專人負責	4.7	48.2	20.0	19.2	0.7	7.3
政府倡導「守望相助」之推行並獎勵	12.0	66.7	9.7	4.3	0	7.3

註：5代表非常同意，4同意，3無意見，2不同意，1非常不同意，0未回答。

從上表的統計資料來看，本研究絕大多數之受訪者皆同意上列諸種預防竊盜之方法是可行的。以各單項方法來做比較，則有40.5%同意和30.7%非常同意「加重刑罰」是方法之一，非常不同意的僅有1%；「加強社會教育、改善社會風氣」項下，有60.5%同意，25.0%非常同意，非常不同意者無；「增強治安人員編制、增加巡邏突檢次數」，非常同意者18.3%，同意者57.5%，非常不同意者0.3%；「民眾熱心提供線索」，非常同意19.5%，同意60%，非常不同意0.2%；「居民自組守望相助、鄰里聯防」，非常同意19.7%，同意59.5%，無人非常不同意；「政府倡導守望相助之推行並鼓勵之」，非常同意12%，同意66.7%，無人非常不同意。

除了上述之統計分配顯然傾向於贊同這些預防方法外，有兩項必須提出的比較特殊的問題是不同意「增強治安人員職權」的人有18.2%，非常不同意的有1.8%，無意見者亦占了16.0%，而同意和非常同意者合計有56.7%。雖然說贊同者仍然占了一半以上的人數，但反對者的百分比合計亦有20%，可見受訪者對增強治安人員職權上採取一種比較保留的態度，如果再加上無意見者，則有36.0%。這是一個值得注意的問題。

同時，受訪者不同意自僱專人負責防盜工作之百分比亦呈稍高之分配，有19.2%不同意，0.7非常不同意，兩者合計約20%，若再加上無意見之20%，則合計爲40%。這與同意和非常同意兩者合計之52.9%相差不算太大。這種統計分配情形顯示受訪者似乎有一可觀的部份認爲防盜的工作應該還是由警察人員來做，雖然在前面我們提出他們認爲它也是人人有責的。實際工作是警察治安人員的工作信念，仍然在不算少的一羣人態度中表現。

總而言之，本研究的資料裏並沒能支持社會上一般人的看法：竊盜犯罪是相當多而且嚴重。本研究裏只有極少數的人曾經被偷過，雖然有相當多的人認爲竊盜犯罪是臺北市的最大犯罪問題，也有將近一半的人說鄰居曾經被偷過。

如果單單從本研究受訪者本身而言，則他們曾經是那一種犯罪的受害者立場來看，則竊盜、詐欺、暴力等三種犯罪是一樣的。也就是說，竊盜犯罪並沒有比其他犯罪（至少是詐欺與暴力）要來得嚴重或受害者多。那麼爲什麼一般人都談偷色變呢？我們發現這是一種心理上的恐懼，這種恐懼是人云亦云而來的，再加以報章雜誌的渲染過份而引起的，致使幾乎人人防盜、家家鐵窗。

（二）竊盜犯罪受害者之分析

雖然我們發現臺北市居民對竊盜犯罪基本上是一種人云亦云的恐懼感所致，眞正在過去一年內只有7.8%或47戶曾被偷過，而且以整個以往經驗來講，也只有 86 戶或 14.3% 曾是竊盜犯罪之受害者。雖然人數不多，但是爲了提供施政者及一般民眾參考之用，在本段裏我們將以這 47 戶在過去一年內曾被偷過者爲對象做一簡單的報告分析。

在這 47 戶人當中有 68.8%只被偷過一次，有 20.8%被偷過 2 次，有 4.2% 被偷過 3 次，4.2% 被偷過 4 次，無人被偷過 5 次以上。以損失財物價值而言，30.6%損失在新臺幣 5,000 以下，16.7%在 5,000 元至 10,000 元之間，13.9% 在 10,000 元至 20,000 元之間，13.9% 在 20,000 元至 50,000 元之間，16.7% 在 50,000 元至 100,000 元之間，8.3%在 100,000 元至 300,000 元之間。換言之，有將近一半的人家損失在 10,000 元以下（47.3%），另有一半以上人家損失在 10,000 以上（52.7%）。

從時間上來看，有 30% 的小偷是在凌晨 0-7 時進入的，有 23%在上午 7-12 時；至於中午 12 時-5 時有 17%，下午 5-8 時有 13%，晚上 8-12 時有 17%。從這分佈情形來看，凌晨和上午是小偷入侵最多的一段時間。

再以小偷入侵時，家人在做什麼來分析，有將近一半（49%）是無人在家時，有將近三分之一（32%）是家人在睡覺時，可見這兩種情況最易導致小偷的入侵 。至於最近一次，小偷如何入侵的方式，有 26% 是破壞門窗鎖進入、有 19% 爬窗或牆進入、有 15% 撬開門窗而入、有 8% 剪斷鐵門或鐵窗，其他方式者有 32%。

小偷入侵後遭竊者以第一個報警爲最多，將近一半（47%），鄰居次之（28%），再其次爲朋友或親戚，各占 8.5%。報警者爲 57%，從未報警者 43%。報警後有無破案，取回失竊財物：尙未破案者高達 78%，已破案且取回財物者 11%，雖已破案只追回部份財物者 4%，雖已破案但未追回財物者 7%，可見破案率之低，而追回財物率更低。也因此，只有2%的人對警方處理的態度非常滿意、17%滿意、34%無意見、38%不滿意，另有8.5%非常不滿意。滿意程度之低自然可想而知。尤其絕大部份的財物皆未能取回，自然引起受害者之不滿或埋怨。

（三）社區人際關係

在大多數的社會學文獻裏，對都市裏社區人際關係的描述都是比較否定的，也就是說在都市社會裏人與人之間的關係沒有比鄉村社會要來得親近。都市社會裏的人總是忙着自己的事，有一種疏離感（alienation），以及缺乏幫助別人的精神。

臺灣的都市社會人際關係是不是和上述社會學文獻所描述的是一樣呢？到目前爲止，還沒有很完整的系統分析。我們倒是整天聽到人們在埋怨住在高樓大厦式的公寓或國民住宅裏，連個鄰居都不認得，有事情也找不到個人幫忙，社區的公德心太差等等，各家各戶鐵門鐵窗不僅防盜，同時也隔離了鄰居之間的人際關係。再加上都市社會裏受僱者日增，白天上班，呆在家裏跟鄰居見面的機會自然減少。

基本上，我們的調查資料所獲得的結果並不如上述所描述的那樣否定。尤其在態度上，絕大多數的受訪者與鄰居的關係是相當肯定的 也就是說鄰居之間的關係還算相當和睦。這種情形可從下表所列舉之人際關係態度量表裏可見一斑：

表十一：人際關係態度量表

	5	4	3	2	1
a．我會主動去認識鄰居	8.8%	56.3%	20.5%	14.2%	0.2%
b．跟鄰居聊天，也是件快樂事	13.0	65.0	17.0	5.0	0
c．樂意幫鄰居忙	13.8	82.0	3.8	0.3	0

d．遠親不如近鄰	25.8	61.7	10.2	2.3	0
e．鄰居是難相處	1.3	38.8	14.7	40.5	4.7
f．鄰居知識水準低	2.2	45.5	16.2	34.2	2.0
g．與鄰居閒聊會被認爲是長舌婦或挑撥是非	5.8	59.5	19.7	16.3	0.7
h．因爲事務忙，沒時間去認識鄰居	2.5	41.0	10.0	43.5	3.0
i．鄰居也有繁忙事務，不便打擾	0.8	19.8	10.3	64.2	4.8

註：5代表非常同意，4同意，3無意見，2不同意，1非常不同意。

從上表的人際關係態度量表，多數的受訪者同意或非常同意會主動去認識鄰居，其百分比是65.1%。當然，這百分比雖然過半數，但不算是很高。主動去認識鄰居似乎還不是每一個人都能或願意做的，認爲跟鄰居聊天是快樂事的，同意和非常同意者之百分比爲78%，而不同意者只有5%，且無非常不同意者。因此我們可以說絕大多數的人都願意喜歡跟鄰居聊天。樂意幫鄰居忙的人數更占絕大多數，同意和非常同意95.8%，不同意者只有0.3%，非常不同意無。遠親不如近鄰項也是同意和非常同意者占多數，占87.5%，不同意者2.3%，非常不同意者無。其實上面這幾項態度量表所列項目都是比較偏向於傳統價值觀念上所強調或贊同的。因此，人們態度傾向此種傳統價值觀念應該是可想見的。何況這些傳統價值觀念不僅被認爲是好的，而且還是社會一直想要在目前工業化都市社會裏所欲極力維護保存並發揚的。

雖然如此，在一些比較切身實際的鄰里關係態度方面，似乎和睦程度沒有上述傳統鄰里關係態度要高。譬如說，在上表裏，同意鄰居是難相處的就有38.8%，幾乎與不同意之40.5%相等。而同意鄰居知識水準低的竟然高達45.5%，也就是說有將近半數的人同意鄰居之知識水準過低。除此之外，有相當多的人怕因鄰居閒聊而致誤會爲長舌婦或挑撥是非，其百分比爲同意者 59.5%，非常同意者 5.8%，僅有 16.3%不同意和 0.7% 非常不同意上述看法。

因此，從人際關係態度量表上之資料來分析，臺北市都市社會裏居民大致上是一方面贊同傳統的睦鄰價值觀念：樂意幫鄰居忙、相信遠親不如近鄰、願意主動去認識鄰居以及聊天；但是另一方面則又有排斥疏離鄰居的態度：認爲鄰居知識水準低、難相處、挑撥是非、太忙沒時間去認識鄰居。

當然，態度與實際行爲有時還是有差距的。社會學理論上很重視這兩者的分別處理，強調個人的態度與實際行爲兩者之間的不同。也就是說，態度是一回事，實際行爲又是另一回事。

在本研究裏，我們發現大致上來講，鄰居之間的關係還是相當和睦的。在互動的頻率上，鄰居在一週內見面的次數在 30 次以上者占 23.3%，20–30 次者 9%，14–20 次者 14.2%，7–14 次者 33.2%，7 次以內者 20.3%。以見面的次數來看，鄰居之間的互動還是相當頻繁的，尤其見面次數低於 7 次者只占五分之一的人數。當然，這種高頻率的互動次數是指廣泛的鄰居而言，並不只指住宅左右兩戶鄰居而言。這種廣泛的鄰居定義所包括的人數自然不會只是一二人而已，故高頻率的鄰居見面次數自可預見。

鄰居碰面次數多，雖然是一種鄰居關係密切的好指標，但是我們必須更進一步探討，碰面時兩者所持的態度如何，才能確定關係的內涵性質。本研究的資料顯示：點頭和打招呼的占 72.2%，閒談家常的占 12.7%，互相關懷、熱切寒喧者占 14.0%，裝做不認識的只有 1.2%。從這個統計分配來看，碰面的次數多，而且也蠻和睦的，鄰居之間碰面時至少還有點頭和打招呼以上之互動方式，而能更進一步的有閒談家常、互相關懷、熱切寒喧者亦有 26.7%，這種四分之一以上的比例可說是相當高的。

社區內鄰居之間關係的密切還可以從他們之間比較談得來的人數來看。我們上面提過本研究的鄰居定義是廣泛的，因此人多而廣，不一定人人都熟，人人都談得來。我們的資料顯示比較談得來的鄰居人數在 7 人以上者占有 21.7%，4-6 人者占 13.0%，1-3 人者占 39.5%，沒有可以談得來者 25.8%。在都市社會裏，因爲工作環境、時間安排、以及住宅型態之種種因素，要想找一個能談得來的鄰居是比較困難的。但是在我們這個臺北市的研究裏卻發現，沒有一個可以談得來的鄰居者只占 25.8%，而有一個以上談得來鄰居的有 74.2%，尤其這當中有不少的人還有 7 個以上可以談得來的鄰居，這是很難得的。

碰面次數多和可以談得來的鄰居人數多的一個可能原因是鄰居之間的背景相類似，或相差不遠。在本研究裏有 54.8% 指出鄰人背景與我家很接近，有 19.7% 認爲一部份複雜，一部份較接近，有 13.0% 認爲很複雜，相差很多，另外有 12.5% 說不知道。

鄰居之間的守望相助一直是傳統美德之一，而且在前面我們也指出有大多數的人仍然相信遠親不如近鄰這個古訓。因此，在本研究裏，我們發現會去幫鄰居忙的占絕對多數，其百分比爲 73.3%，視情形而定才幫忙的有 18.5%，而不會去幫忙的只有 8.2%。

雖然如此，我們在前面分析態度時所發現的矛盾情形，在實際行爲裏亦有類似情形。就以「過去一年內，您家是否請鄰居幫過忙」來講，有一半以上的人說從未請鄰居幫過忙，占 53.2%，很少者有 17.3%，偶爾者爲 22.7%，經常者只有 6.8%。同樣地，「過去一年內，鄰居是否請您幫過忙」問題裏，沒有者占 40.0%，偶爾者 9.3%，會請者占 50.7%。很明顯地，在鄰居的人際關係上，態度要比實際行爲來得和睦親近。因爲只有大約半數的人曾經請鄰居幫過忙，而且也只有半數的人曾經幫鄰居的忙。

同樣地，在問「當您外出時，會不會告訴鄰居一聲？」這問題時，只有 41.7% 的人說會告訴鄰居，而不會告訴鄰居的卻有 47.0%，回答看情形而定者有 11.3%。可見這種通知鄰居一聲，依賴鄰居看顧房子的行爲並不普遍。在這種情況下，如果鄰居發現可疑狀況時就不一定會去查看或報警。我們的問卷裏問「鄰居有可疑狀況，我認爲會妨礙他人隱私，故不好意思過去查看」，有 3.7% 非常同意這一條問題所列狀況，有 45.8% 同意，兩者合計則有 49.5%，將近半數的人不會去查看。無意見者亦有 16.7%。而不同意和非常不同意者（亦即會去查看者）僅有 33.8% 。換句話說，只有三分之一的人會在鄰居有可疑狀況時過去查看。這比例是相當低的，自然無法做到守望相助的工作。

鄰居之間的實際人際關係既然不是那樣和睦，那麼一旦發生困難時，鄰居就不會是第一個被找來幫忙的人。在本研究裏，只有 18.8%，在遇見困難時找鄰居幫忙。通常第一個被找的人是親戚，占 37.8%，其次是朋友 29.8%，鄰居是第三，找同事的只有 4.7%，其他者 8.8%。不過在緊急困難發生時，找鄰居幫忙的百分比稍爲增加，占有 29.7%，這主要的原因當然是因爲緊急困難發生的時間是一個重要因素，鄰居近，較易幫得上忙。雖然如此，依賴親戚者的百分比並沒有減低，占 40.5%，靠朋友者減少到 18.0%，同事 3.5%，其他 8.3%。很明顯地，在臺北市都市社會裏提供困難，包括一般性的困難和緊急性的困難兩者，親戚要比鄰居更擔當一個重要的角色。雖然在態度的測驗裏，絕大多數的人同意遠親不如近鄰這個傳統價值觀念。

總而言之，本研究裏發現從態度上來看或從實際行爲上來分析，似乎皆呈現一種矛盾的衝突。在態度上，一方面贊同睦鄰的傳統倫理，可是在另一方面卻又覺得鄰居知識水準低、難相處；在實際行爲上，一方面鄰居之間互動次數不算少，可談得來的鄰居也還算多，也同意鄰居的背景還不算過份複雜，但是在幫鄰居忙或請鄰居幫忙的人數並不多，出門告訴鄰居的也不多，或查看鄰居可疑狀況者更少。

雖然很多人(85.6%)瞭解政府所提倡的「守望相助」運動的意義，也有不少人（69.2%）知道「守望相助」運動的最主要工作是防止竊盜犯罪之發生，但是從上述的分析來看，眞正做到「守望相助」的並不多。因此，「守望相助」運動實有再加以推廣宣傳的必要。本研究受訪者有將近一半（47.8%）希望能多利用大眾傳播媒介來宣傳，19.5%希望利用里民大會宣傳，11.8% 建議由學校教育來加強，6.8% 認爲可以由社區里事會加強宣傳，其他方式者 3.5%，不知道者 10.5%。

總結，本節有關基本資料統計分析，我們主要的發現可分述下列幾點：

1. 雖然竊盜犯罪是許多臺北市民所認爲的犯罪問題，但是實際發生在受訪者身上者並不多。
2. 臺北市民對竊盜犯罪之恐懼似乎來自人云亦云者爲多，大眾傳播媒介之宣傳可能是造成此種恐懼的主要原因。
3. 在曾經受小偷入侵之受訪者之間，本研究發現無人在家時和凌晨至中午 12 時之間是入侵最多之時刻。
4. 在曾經受小偷入侵之受訪者之間，有不少數的人不向警方報案，而警方破案追回遺失財物之比率亦不高。因此，受害者對警方處理之不滿意者亦不算少。
5. 從社區內鄰里人際關係來看，在態度上和實際行爲上都呈現一種似乎矛盾的結果：一方面贊同睦鄰的傳統倫理，鄰居之間互動的次數也不算少；可是另一方面卻又覺得鄰居知識水準低，難相處，而且不太主動找鄰居幫忙或去幫鄰居的忙。

6. 對於政府所大力提倡的「守望相助」運動的意義，了解的人數很多，但是眞正實行守望相助的人似乎嫌少，例如，鄰居有可疑狀況時，願意去查看者相當少。

我們必須強調社會科學的研究，特別是調查研究法（survey research），必受樣本特徵之影響。雖然我們在抽取樣本時皆依抽樣方法進行，無論如何本研究多多少少仍反映樣本之特質。這並不是意指本研究的結果不能代表臺北市的實際狀況，而是說它所代表的是「接近」臺北市現況，而非「等於」臺北市現況。上面我們所做的基本資料的初步分析多多少少表現了目前臺北市社區內鄰居之間人際關係以及樣本戶受訪者對竊盜犯罪之態度、處理和預防之情形。這些基本資料的了解將是我們在下一節分析變數間相關程度的初步依據。下一節的重點將著重在進一步的解釋「爲什麼」的問題。

四、社區人際關係與竊盜犯罪之關聯

按照我們原先的構想來分析，則中山區的竊盜犯罪率在三區中最高，木柵次之，雙園更低，因此在人際關係上應該是中山區可能最差，木柵次之，雙園最好。用圖來表示，其分配應是如圖一所示：

		竊盜率		
		高	中	低
人際關係	高			雙園
	中		木柵	
	低	中山		

圖一：假設率與人際關係理論

在前一節，我們曾指出從全部樣本來看，關係還是傾向正態的，亦即人際關係尙稱良好。在這一節裏，我們希望分區來討論，試圖尋求竊盜犯罪率高低與鄰里人際關係好壞兩者之間可能的關聯。

首先讓我們把表十一人際關係量表歸納做一分區比較列於表十二，重點放在 (a) 我會主動去認識鄰居，(b) 跟鄰居聊天也是件快樂的事，(c) 樂意幫鄰居的忙，(d) 遠親不如近鄰等四項。

表十二：竊盜率與人際關係量表

竊盜率 人際關係	高（中山）	中（木柵）	低（雙園）
a.	3.50	3.72	3.69
b.	3.75	4.12	3.91
c.	4.02	4.24	4.14
d.	3.99	4.43	4.14
合　計	3.82	4.13	3.97

從表十二的分配來看，竊盜犯罪率最高的中山區之人際關係在三區裏最差是很明顯的事實。不過木柵和雙園兩區的人際關係並不如我們原先假設的一致，因爲木柵的竊盜率高於雙園，其人際關係亦較雙園好。因此，我們可能得的結論是人際關係差導致竊盜犯罪率高，但是人際關係好並不一定就導致竊盜犯罪率低。

事實上，從態度量表上來看，無論是木柵、雙園、或中山的人際關係都偏向於正的，在一個五分點的量表上，每一區的平均分數皆在 2.5 以上，自是正關係。所以上面的結論仍然是很牽強的。在下面，我們將逐項加以分析，希望能提出一個比較淸晰的分配來。

在回答「我會主動去認識鄰居」態度量表上，比較顯著的特徵是高竊盜發生區的中山區雖然也有過半數以上的人同意或非常同意(62.1%)會主動去認識鄰居，但是跟其他兩地區來比，則其比例顯然低，因爲中地區的木柵有 69.1%， 低地區的雙園亦有 68.5% 同意或非常同意。我們特別注意，中和低兩地區非常同意者之比例分別是 16.5% 和 11.4% 全皆高於高地區之 5.0% 甚多。如果用我們的標準來衡量，則我們可以說木柵和雙園兩區之鄰里社區關係高於中山區。（見表十三）

表十三：地區與主動認識鄰居之比較

	高（中山）	中（木柵）	低（雙園）	計
非常不同意	1 .3%	0 0	0 0	1 .2%
不同意	52 16.3%	13 13.4%	20 10.9%	85 14.2%
無意見	68 21.3%	17 17.5%	38 20.7%	123 20.5%
同意	182 57.1%	51 52.6%	105 57.1%	338 56.3%
非常同意	16 5.0%	16 16.5%	21 11.4%	53 8.8%
合計	319	97	184	600

（觀察：中山<雙園≤木柵）

在回答「跟鄰居聊天，也是件快樂的事」上，絕大多數的人都同意或非常同意，佔 78%，但是中地區的木柵和低地區的雙園則有比高地區的中山區更多的人同意或非常同意，若以百分比來比較，則中山區是 73.7%、木柵是 89.7%、雙園是 79.3%。尤其在非常同意者當中，中

表十四：地區與鄰居聊天樂事之比較

	高（中山）	中（木柵）	低（雙園）	計
不同意	18 5.6%	3 3.1%	9 4.9%	30 5.0%
無意見	66 20.7%	7 7.2%	29 15.8%	102 17.0%
同意	213 66.8%	62 63.9%	115 62.5%	390 65.0%
非常同意	22 6.9%	25 25.8%	31 16.8%	78 13.0%
合計	319	97	184	600

（觀察：中山＜雙園＜木柵）

表十五：社區內治安家庭責任與地區之比較

	高（中山）	中（木柵）	低（雙園）	計
不同意	3 .9%	2 2.1%	1 .5%	6 1.0%
無意見	9 2.8%	2 2.1%	6 3.3%	17 2.8%
同意	268 84.0%	59 60.8%	110 59.8%	437 72.8%
非常同意	39 12.2%	34 35.1%	67 36.4%	140 23.3%
合計	319	97	184	600

（觀察：中山＜木柵≦雙園）

山區之百分比最低，只有6.9%，木柵有25.8%，雙園亦有16.8%。在鄰里社區人際關係上，中山最低，次爲雙園，次爲木柵。（見表十四）

「社區內的治安是每個家庭的責任」，這量表的主要目的是觀察人們的集體責任感。在我們的統計資料裏，我們發現有96.1%的人同意或非常同意社區內的治安是每個家庭的責任。以地區來比較，三區皆相當一致。但是仍有一點值得一提的是：木柵（中）和雙園（低）兩個地區非常同意的人遠比中山（高）要多得很多。以百分比來看，前兩區的百分比分別是35.1%和36.4%，而後者僅僅只有12.2%而已，相差三倍。（見表十五）

類似的問題「雖然鄰居沒有幫我忙，只要他有需要，我仍會樂於協助」的目的亦在探討互助的鄰里人際關係。資料上顯示95.8%的人都同意或非常同意這種態度做法，三個地區的百分比分別是中山（高）95%，木柵（中）96.9%，雙園（低）96.7%。但是我們必須提出，在

表十六：地區與主動幫鄰居忙之比較

	高（中山）	中（木柵）	低（雙園）	計
不同意	2 .6%	0 0	0 0	2 .3%
無意見	14 4.4%	3 3.1%	6 3.3%	23 3.8%
同意	278 87.1%	68 70.1%	146 79.3%	492 82.0%
非常同意	25 7.8%	26 26.8%	32 17.4%	83 13.8%
合計	319	97	184	600

（觀察：中山<雙園<木柵）

非常同意者當中，中山（高）只有 7.8%，雙園（低）有 17.4%，而木柵（中）卻高達 26.8%。換句話說，木柵地區的居民在幫助鄰居事上遠比其他兩個地區要來得主動和積極，而且可能也比中山和雙園的鄰里關係密切些，這種現象可見諸於表十六。

在測量「遠親不如近鄰」這古訓上，我們仍然發現絕大多數的人(87.5%)都同意或非常同意它。而且三個地區裏同意和非常同意的人都比不同意的人多得多。但是我們也發現即使在這問題上，木柵的肯定程度遠比其他兩個地區高太多。以百分比來比較，則木柵（中）是有 53.6% 回答非常同意，也就是說有過半數以上的木柵樣本戶非常同意「遠親不如近鄰」，其他兩區，雙園（低）有 25%，中山區只有 17.9%。（見表十七）

表十七：地區與「遠親不如近鄰」之比較

	高（中山）	中（木柵）	低（雙園）	計
不同意	9 2.8%	2 2.1%	3 1.6%	14 2.3%
無意見	43 13.5%	6 6.2%	12 6.5%	61 10.2%
同意	210 65.8%	37 38.1%	123 66.8%	370 61.7%
非常同意	57 17.9%	52 53.6%	46 25.0%	155 25.8%
合計	319	97	184	600

（觀察：中山<雙園<木柵）

綜上所述，我們發現一個很明顯的事實，那就是中山區的社區鄰里關係在三區當中是最差的，而中山區正是市警察局竊盜發生率高的地區之一，也是本研究抽出來代表高竊盜率之行政區域。因此，根據上述資料分析，我們至少可以肯定差的社區鄰里關係（至少在態度量表上）與高竊盜率是相關的。

雖然如此，我們也發現其他兩個地區的社區鄰里關係不是那麼明顯，而且甚至於有木柵的鄰里關係高於雙園之現象。不過這兩區之間的差距並不十分明顯。我們提過木柵是郊區，以公教機關宿舍和公寓爲多，因此可能居民教育程度較高，且有新的都市社會的人際關係態度。雙園區則是代表臺灣都市的舊式社區，鄰里關係可能因流動性不高，而有較穩定的人際關係。因此，這兩區的社區人際關係皆比中山區爲和睦。

上面有關鄰里人際關係量表是比較肯定的問題，因此當我們探討一些反面的人際關係問題時，我們應該可以預測中山區在這些反面問題時應有高的同意或不同意回答，其他兩區應較低。

表十八：地區與「鄰居難相處」比較

	高（中山）	中（木柵）	低（雙園）	計
非常不同意	10 3.1%	8 8.2%	10 5.4%	28 4.7%
不同意	131 41.1%	36 37.1%	76 41.3%	243 40.5%
無意見	58 18.2%	9 9.3%	21 11.4%	88 14.7%
同意	118 37.0%	43 44.3%	72 39.1%	233 38.8%
非常同意	2 .6%	1 1.0%	5 2.7%	8 1.3%
合計	319	97	184	600

（觀察：中山<雙園<木柵）

以「有些鄰居是很難相處的」問題來探討，我們發現中山區（高）同意者有 37.0%，木柵區（中）有 44.3%，雙園區（低）有 39.1%。不過不同意和非常不同意者（也就是認爲鄰居是可相處的）；中山區（高）有 44.2%，木柵區（中）有 45.3%，雙園區（低）有 46.7%。如果從這角度來看，則雙園區認爲鄰居可相處者最多，次爲木柵區，再其次爲中山區。從正反兩面回答來看，則木柵區仍算最高是無可置疑的。（見表十八）

鄰居背景的一致常常是社區人際關係的條件之一，在回答「有些鄰居的知識、生活水準低、談話不投機」題上， 我們資料顯示認爲鄰居有此缺陷者以木柵區（53.7%）和雙園區（53.3%）爲多，中山區只有 42.6%。認爲鄰居沒有此缺陷的亦以中山區的 37.3% 最高，次爲雙園區的 35.3%，最少者爲木柵區的 34.0%。很明顯的，中山區樣本戶最

表十九：地區與「鄰居水準差」之比較

	高（中山）	中（木柵）	低（雙園）	計
非常不同意	5 1.6%	4 4.1%	3 1.6%	12 2.0%
不同意	114 35.7%	29 29.9%	62 33.7%	205 34.2%
無意見	64 20.1%	12 12.4%	21 11.4%	97 16.2%
同意	134 42.0%	47 48.5%	92 50.0%	273 45.5%
非常同意	2 .6%	5 5.2%	6 3.3%	13 2.2%
合計	319	97	184	600

（觀察：木柵<雙園<中山）

多認爲鄰居水準較齊，也可以說關係應較和睦。（見表十九）

在回答「鄰居有可疑狀況時，我認爲會妨礙他人隱私，故不好意思過去查看」上，以木柵區非常不同意和不同意者爲最低，其同意和非常同意者亦最高，前者之百分比爲 18.6%，後者爲 60.9%。這種情形似乎可以解釋爲木柵的個人主義比較濃，比較尊重鄰居之隱私權，因此在可能有可疑狀況之下，也不願意去查看。雙園區與中山區則在態度上很類似。（見表二十）

表二十：地區與尊重隱私權之比較

	高（中山）	中（木柵）	低（雙園）	計
非常不同意	1 .3%	3 3.1%	4 2.2%	8 1.3%
不同意	115 36.1%	15 15.5%	65 35.3%	195 32.5%
無意見	54 16.9%	20 20.6%	26 14.1%	100 16.7%
同意	144 45.1%	54 55.7%	77 41.8%	275 45.8%
非常同意	5 1.6%	5 5.2%	12 6.5%	22 3.7%
合計	319	97	184	600

（觀察：木柵＜雙園≦中山）

從整個量表之分佈情形來看，大致上來講木柵的社區鄰里人際關係最好，次爲雙園，最差者爲中山。雖然在討論鄰居水準和尊重隱私權上，中山區比其他兩區都高，但也許鄰居水準的一致和對鄰居隱私權的尊重並不代表社區鄰里人際關係之不和睦。也許這些特質正是社區關係好的要件。

在回答「當您外出時，會不會告訴鄰居一聲」問題時，很明顯地木柵區看情形和會的百分比較雙園爲高，也較中山區高。木柵區會的有58.8%，看情形也有 12.4%；雙園是有 53.3%，看情形 8.2%；中山是會 39.8%，看情形 39.8%。換句話說，能信賴鄰居，在外出時告訴鄰居的，以木柵爲最多，次爲雙園，最低爲中山。（見表二十一）

表二十一：地區與外出知會鄰居

	高（中山）	中（木柵）	低（雙園）	計
不會	151 47.3%	28 28.9%	71 38.6%	250 41.7%
看情形	41 12.9%	12 12.4%	15 8.2%	68 11.3%
會	127 39.8%	57 58.8%	98 53.3%	282 47.0%
合計	319	97	184	600

（觀察：中山<雙園<木柵）

同樣地，在鄰居有事需要幫忙時，也是木柵區最會請別人幫忙。在過去一年內，鄰居有事，請人幫忙的，會的在木柵是 67.0%，看情形的16.5%；雙園區會的 49.5%，看情形的是 6.0%；中山區會的只有 46.4%，看情形的有 9.1%。（見表二十二）

鄰里人際關係是雙方面的，因此單單是鄰居的要求幫忙，若另一個鄰居不去幫忙也是不夠的。因此，緊跟着一個問題是：「那您會不會去幫忙？」。資料分析情形，大致和上面所述一致。亦即木柵區的會和看情形的百分比 (95.9%)，比中山的 92.1% 和雙園的 89.1% 要來得多。因此從表二十三資料所示，木柵的鄰里關係還是較好的。

表二十二：鄰居會要幫忙

	高（中山）	中（木柵）	低（雙園）	計
不會	142 44.5%	16 16.5%	82 44.6%	240 40.0%
看情形	29 9.1%	16 16.5%	11 6.0%	56 9.3%
會	148 46.4%	65 67.0%	91 49.5%	304 50.7%
合計	319	97	184	600

（觀察：中山＜雙園＜木柵）

表二十三：地區與幫鄰居的忙

	高（中山）	中（木柵）	低（雙園）	計
不會	25 7.8%	4 4.1%	20 10.9%	49 8.2%
看情形	69 21.6%	25 25.8%	17 9.2%	111 18.5%
會	225 70.5%	68 70.1%	147 79.9%	440 73.3%
合計	319	97	184	600

（觀察：中山≤雙園＜木柵）

另一個問題我們問的是在過去一年中，您家是否請鄰居幫過忙，木柵只有 37.1% 說從未，雙園有 52.2%，而中山卻高達 58.6%。這個百分比是相當有趣的，因為它所問的不是態度問題，而是實際行為：在去年曾否請鄰居幫過忙。很明顯地，中山和雙園皆有一半以上說從未曾這

樣做過。自然可以說，中山和雙園兩區的人際關係在這問題上要比木柵差多了。(見表二十四)

表二十四：地區與去年幫鄰居忙

	高（中山）	中（木柵）	低（雙園）	計
從未	187 58.6%	36 37.1%	96 52.2%	319 53.2%
很少	60 18.8%	14 14.4%	30 16.3%	104 17.3%
偶爾	64 20.1%	27 27.8%	45 24.5%	136 22.7%
經常	8 2.5%	20 20.6%	13 7.1%	41 6.8%
合計	319	97	184	600

(觀察：中山<雙園<木柵)

綜合而言，從鄰里關係來看，中山區的人際關係最差。在我們所測驗的九項人際關係量表上，有八項是中山區的關係最差。根據我們的抽樣原則，中山區正代表着高竊盜率地區。因此，我們可以肯定的說，壞或差的鄰里人際關係與高竊盜率有關。雖然如此，雙園和木柵的鄰里人際關係之界限差別並不很顯著。木柵是中等竊盜率地區，但從很多跡象來看，它的人際關係卻是最好的。雙園是低等竊盜率地區，但其人際關係卻不如理論上想像應是最好的。不過，我們必須強調木柵和雙園兩區之人際關係雖可分出高低好壞，但兩者之間的差距並不顯著。

五、結論與建議

本研究主要的結論包括下列幾項:

（一）在開發中國家裏，犯罪率與犯罪類型皆與傳統社會裏有顯著的差異。在這些國家裏，犯罪率會有增高的現象，而犯罪類型亦偏向於財產罪如竊盜、搶刼、侵佔等犯罪。臺灣是急劇開發中的國家，因此，其犯罪型態很接近其他開發中國家，以財產犯罪最明顯。

（二）財產犯罪基本上是一種都市犯罪。其他開發中國家是如此，臺灣亦是如此。以全臺灣地區犯罪類型來看，雖然竊盜犯仍佔首位，但是各類犯罪發生率相當分散，並無顯著集中現象。然而在臺北市犯罪裏，竊盜犯罪幾佔所有犯罪之一半，可見其嚴重性，值得特別注意。

（三）竊盜犯罪是一種財產類犯罪，它在都市社會裏特別嚴重的主要原因包括:（a）開發中國家裏，因爲急速都市化的過程裏吸引了相當大數目的外鄉人遷入，這些人在都市社會裏找不到傳統的生活方式而可能有疏離感，致鋌而走險，成爲犯罪者;（b）都市社會的物質誘惑大，收入低微者可能以竊盜或搶刼來滿足己慾;（c）都市社會裏的貧富不均比鄉村社會要更明顯。因此，貧者易產生不平之感，導致奪取富者之財物;（d）都市社會之住宅型態與居民職業特質容易造成竊盜犯罪之機會。

（四）雖然文獻上指出都市社會人際關係淡薄，在本研究裏，我們的發現是臺北市民的人際關係上還是傾向和睦的。個人主義、互不來往、孤僻的現象雖然存在，但是並不是過份嚴重。如果用中山、木栅、雙園三區來比較。中山的人際關係最差，雙園次之，木栅最好。在資料上，中山區的竊盜率最高，我們可以做一初步的結論，人際關係差之地區，竊盜率高。但是由於木柵的人際關係好於雙園，竊盜率亦高的情況下，我們無法說，人際關係好必產生低竊盜率。因此，單從改善人際關係着手，並不一定減少竊盜犯罪。也就是說，人際關係的改善並非是預防竊盜的最好方法策略。

（五）從上述結論來推測，中山區之高竊盜率，除了人際關係較差以外，其他的原因可能更重要，這些原因包括：（a）中山區主要是商業區，高樓大厦林立，出入人多且背景複雜；（b）中山區的住宅型態不僅包括商業建築，而且亦有住宅、工廠、學校、娛樂場所，性質複雜；（c）中山區交通方便，有利行竊者。雙園區竊盜率低的原因可能是因其居民背景單純、流動性不大、收入亦不算最高，因此不利行竊。但其人際關係並不好，可能與住宅型態有關：密集和小空間，易生糾紛。木柵人際關係最好，也許是因爲木柵是郊區，居民和住宅型態較整齊、教育和職業水準較高，已產生一個適合新式都市社會的文化，但也正因此，而招致某些數量的竊盜。

（六）從曾遭竊盜者之資料裏來分析，我們發現晚上和凌晨是竊盜發生最多的時刻。但我們也發現這些遭竊者對警方處理方式大多數表示不滿意，因此有不少人乾脆不報警。而且在全部樣本裏，有不少人對給予警察治安人員更多的職權表示保留的態度。

（七）竊盜是臺北市大衆所公認的最嚴重的犯罪問題，因此大多數家庭皆沒有某種防盜措施。有三分之一的人家裝設鐵門鐵窗。

（八）平均財物的損失並不大，雖然這跟樣本戶平均收入低有關，卻也跟其他開發中國家的現象一致。

根據上面八點主要結論，我們願意提出下列幾點建議以供施政機關參考：

（一）鄰里人際關係的改善並不一定就會減少竊盜犯罪或可預防竊

盜。守望相助運動是一種集體的預防犯罪方策，應可推廣，但不一定是可增強鄰里人際關係。因爲守望相助運動的基本精神是共同集體責任感，而非人際關係的培養。

（二）中山區不僅人際關係差，而且竊盜率亦高。因此我們建議都市內社區功能必須劃分淸楚並嚴格執行。我國雖有都市計劃細則劃分都市內土地用途爲商業區、學校區、住宅區等社區，但在執行上相當馬虎鬆弛。商業、娛樂、住宅等相雜一處，造成社區之不安寧。從中山區之特殊來推想，功能劃分顯然相當必須。

（三）本研究發現樣本戶對警察的破案防盜能力懷疑，而且亦不願擴大警察權力。這跟警察平時在人民形象的好壞有直接關聯。我們建議警察人員加強公共關係之作業，一方面改變市民對警察人員之形象，由猜忌而信任；另一方面則鼓勵市民與警察人員合作，增加其破案率，並共同防止竊盜犯罪。

（四）從損失數目與財產類別來看，其數目並不大，音響器材最易受竊，因此，我國可倣效美國制度，鼓勵市民由警察機關用隱形暗碼登記財物，特別是貴重音響器材。一旦破獲，可找出失主，退還財物。一方面增加追回財物率，另一方面減低收贓物者之興趣。

（五）本研究發現晚間是最易受竊，特別是無人在家時，因此市民晚間外出時應儘可能有人代爲看管，或知會鄰居一聲，以應付可疑狀況。當然，入睡時更應檢查門窗是否鎖好。裝設鐵門鐵窗雖有用，隨時注意檢查門窗才是最基本的防盜措施。

（六）從統計資料上來看，竊盜犯罪之增加似乎與經濟景氣有關。不景氣時，竊盜犯罪率增加。因此，改善國民經濟能力，提供就業機會，加強社會福利服務應是最基本之方策。

（七）研究現代化與犯罪的學者同意，如果一個國家能在現代化過程中不遺失其傳統性，則犯罪率不會增加很快。日本即爲一例。因此，我國在現代化努力中，應如何盡力維持傳統社會一些與現代化不相悖的特質，加以調整並發揚光大，應是急務之一。建立一個有傳統的現代社會，可緩慢犯罪率之昇高。

參考書目

一、英文部份

Clinard, Marshall B. and Daniel J. Abbott

1973 *Crime in Developing Countries*. New York: John Wiley.

Fei, John C. H., Gustav Ranis, Shirley W. Y. Kuo

1979 *Growth with Equity: The Taiwan Case*. New York: Oxford.

Fischer, Claudes

1976 *The Urban Experience*. New York: Harcourt Brace Jovanovich.

Gurr, Ted Robert, Peter N. Grabosky, and Richard C. Hula

1977 *The Politics of Crime and Conflict: A Comparative History of Four Cities*. Beverly Hills: Sage.

Iadacola, Peter

1982 "*Crime and Capitalist Development*", in Sushil Usman and Arnold Olson eds., New Frontiers in Sociology. New Deli: Sterling.

Jacobs, Jan.

1961 *The Death and Life of Great American Cities*. New York: Vintage.

Poter, Paul

1976 *The Recovery of American Cities*. New York: Sun River.

Shelly, Louise J.

1981 *Crime and Modernization*. Carbondale, Illinois: Southern Illinois.

Tsai, Wen-hui

1982 "*Industrialization and Urbanization in Taiwan*", Journal of Sociology, No. 16.

Vogel, Ezra

1979 *Japan As No. 1: Lessons for America.* Cambridge, Mass.: Harvard University Press.

二、中文部份

蔡德輝

1981 〈臺灣地區犯罪現況及其防治對策之探討〉《中國論壇》(13:2)頁59-64。

黃大洲、王麗蓉

1982 〈臺北市都市犯罪模型之研究〉。臺北:市政府研考會。

法務部

(歷年)〈犯罪狀況及其分析〉。臺北:犯罪問題研究中心。

主計處

1980 〈中華民國統計要覽〉。臺北:行政院主計處。

臺北市政府

1980 〈臺北市統計要覽〉。臺北:市政府主計處。

瞿海源

1982 〈臺灣基督教發展趨勢之初步探討〉。《中國社會學刊》,第六期。頁 15-28。

王維林

1981 〈自人口學觀點看我國都市社會〉。朱岑樓主編,《我國社會變遷與發展》。臺北:三民。頁 397-428。

陳寬政

1981 〈臺灣的都市化與都市問題〉《中國論壇》136。

高希均

1982 〈國民優先次序調查〉聯合報。

臺灣犯罪問題的再檢討

一、幾項統計數字

近幾年來臺灣地區犯罪問題的日趨嚴重是有目共睹的事實，不僅人們在日常生活談論中常提到這問題，而且也有相當多數的人有親身經歷的慘痛經驗。政府警政單位所公佈的統計資料更可以顯示出這問題的嚴重性。如果我們以民國六十五年爲基準 100 來比，則民國七十四年的人犯指數已激增到 140.64，這增加率是相當驚人的。在同一時期內，刑案發生率由每一萬人口之 26.9 件增至 31.7 件； 犯罪人口率也由每一萬人口之 25 人增至 30 人。可是相反地，刑案的破獲率卻由民國六十五年之 89%，減至民國七十四年之 79%。換句話說，臺灣地區的犯罪率一直在增加， 而警政機關的破案率卻降低了。這怎不讓人擔心 。在所有的刑案中，仍然是以竊盜案所占比率最高，占去年所有刑案之半數左右(48.9%)。因此，很明顯地，財產型犯罪仍然是臺灣犯罪問題之重點。如果以發生地區來看， 臺灣地區以臺北市所占的 24% 最高， 其次是臺北縣的 13%。也就是說，光是臺北市縣兩地之犯罪案件就占了臺灣地區之三分之一。如果再加上高雄及其他省轄市，則犯罪之集中大都會區是很明顯的事實。

二、犯罪原因的檢討

不可否認的，臺灣地區犯罪率的昇高與近三十年來的高速工業化與社會變遷是有關聯的。都市化的高度成長造成頻繁的社會流動，降低人與人之間傳統的親近關係。再加上工業社會結構上的改變與個人價值觀念發生銜接不上的脫節等等皆是犯罪率增加的原因。這些原因無論在學理上或其他開發中國家經驗上皆可找到明證。因爲篇幅所限，我想可以略而不談。在這裏，我想把重點放在幾項發生在臺灣的比較特殊的原因，提出來供大家思考。

我們必須承認臺灣地區犯罪問題之日趨嚴重跟我們的政治結構有關。一方面是政策上的錯誤，另一方面是執法上的無力感的後果。從政策上來看，三十年下來的經濟發展計劃在早期完全無視非經濟層面的發展設計，近幾年來雖已注意到社會文化發展計劃的必要性，卻仍然脫離不了以經濟掛帥的模式。因此，經濟發展是成功了，社會文化發展則慢了一大拍。今日大家所慨嘆的社會風氣之敗壞與傳統倫理之消失，多多少少是經濟掛帥的發展模式的後果，如果我們在當年（甚至於在今天）能夠把社會文化方面的發展與經濟發展同等重視，平行設計發展，雖然並不一定能完全阻擋犯罪問題的產生，但是至少可以緩慢犯罪問題的嚴重性，不至於發展到今日難以收拾的局面。

政治層面的另一個問題是政府裏普遍存在的一種無力感。一種無從着手的無力感，在處理犯罪問題上，表露無遺。今年年初，筆者曾經在報紙上發表一篇文章呼籲政府儘速召開全國犯罪會議，系統分析犯罪問題之所在，犯罪型態，並訂制一套可行的方案來。起初，反應聽說很熱烈，政府有關首長也贊成我的看法，認爲有召開全國犯罪會議的必要，熱鬧了一陣子。現在，年都過了一半，再也沒人談到這事。相反地，這兩三年經濟景氣的蕭條，馬上就有了經濟改革委員會議的召開，釐訂對策。這兩者所受重視之不同，顯而易見。如果我們不能對犯罪原因做系統性的分析，光是歸罪於社會風氣的敗壞，那麼我們永遠無法找出有效的辦法。以往談到臺灣的犯罪問題，總有人說臺灣要比美國好多了，但是近四、五年來美國的犯罪率有下降的跡象，我們的卻又直線上昇，教人從何說起！

許多學者專家都指出今日臺灣社會問題之嚴重是教育失敗的結果。這一點筆者也同意，因爲教育是社會化的一種方式，它使一個自然的人發展成一個社會的人：一個遵守社會規範，一個重視社會利益的人。教育的失敗可以從三方面來探討。第一，我們的教育在教材的選擇上，與社會發展有嚴重的脫節，我們的道德教育還停留在古舊的二十四孝的所謂「傳統倫理」上。現代人有現代人的性格，現代社會有現代社會的特徵，可是在我們各級學校的教科書裏卻找不出有關的課程資料。我們也不管那些傳統倫理是適合於現代社會的？那些是可以修正後加以發揚的？對傳統文化全盤照收式的傳遞給年輕的一代。結果是培養出一羣不中不西、不新不舊的年輕人，問題重重。第二，我們各級學校的訓導工作是只訓不導。也就是說只重視事後的訓誡，而忽略事前的諮詢的導引，造成學生與訓導人員之間的差距。學生有困難不敢找訓導人員商討，而訓導人員也不主動探視學生之生活行爲。第三，學校管理之紊亂與教師形象之破壞也是近年來造成教育效果不彰之主要原因之一。我國教育制度原本相當健全，但是近年來由於工業化之急速，教育制度顯得有措手不及之困境，能力分班教學、建教合一等等的嘗試，造成學校當局與學生之間無所適從之困擾。強迫學生補習和強迫推銷教科書與參考書等，也造成教師社會地位之低落與形象之衰退，無足以讓學生信服。

另外一個間接鼓勵犯罪的因素是治安人員形象的破壞。最近幾年來屢見不鮮的治安人員直接和間接參與犯案的事件是相當令人痛心的。這還是已揭發的。沒揭發的，如果按照民間的說法，更是多得不可數。賭博與色情是敗壞警察形象的兩大滋生地。色情理容院到處林立，夜夜燈火輝煌，說管區警員不知曉，誰也不信。臺灣今日色情泛濫到不可收拾的地步，與管制之鬆弛是有關聯的。而多少暴力型犯罪與賭博有關，更是不爭的事實。警察形象建立不易，讓少數人破壞全體員警之形象是非常可惜的。

三、幾點建議

第一，還是要再次呼籲政府召開一個全國性的包括警政人員、民眾以及學者們的全國犯罪會議，把整個犯罪現象做一系統性的客觀的分析，然後依此而訂定一套可行的處理犯罪的方案。多拖一天，就多增加犯罪的一份嚴重性。

第二，教育內容、課程與訓導工作的切實配合社會變遷，灌輸現代社會現代人的必備知識與觀念，減少學生的社會疏離感，使教育能積極發揮其應有的社會化功能。科技的訓練固然重要，現代社會的生活規範的培養仍然是必要的。

第三，重新樹立警察的新形象，肅清敗類。加強治安人員的現代犯罪學知識與辦案的科學技巧。提高警察治安人員的薪俸待遇。對優秀人員予以適當的獎勵與社會肯定。

第四，建立以現有「守望相助」爲基礎的民間治安網。目前的「守望相助」運動仍然處於各自爲政的局面，若能加以聯繫，互相支援，其效果將大爲增高。

第五，筆者建議將優良計程車司機組織成立一類似「守望相助」的民間監視犯罪網。以往計程車司機在社會上由於少數不良份子的損害，在民間的形象並不好，若能參與協助犯罪的防治，可改變其壞形象。而且計程車是流動的，具有高度的機動性，全天候性，且所概括的地域可廣及全市或全省各地。這可補助警力之不足。

第六，系統性提倡休閒活動，讓年輕人有積極參與的機會與場地，減少受犯罪之誘惑的可能性。前幾天南部地方幫派由以往之械鬥而改為組隊棒賽，實在是很好的一種現象。國內休閒活動量多但質低，尤其缺乏系統性的季節安排，希望有關單位適當處理全民休閒活動的社會功能。

四、結　語

我常常把開發中國家比喻為一個以賺錢為目標的國家，而已開發的國家是一個懂得如何把已賺來的錢作有意義的享用的國家。過去三十年來的努力已經把中華民國成功地帶進了開發中國家的境界，但是我們仍然尚未能夠躋身已開發國家的行列，因為我們的經濟成長雖然讓國家富裕人民有錢，卻未能妥善運用這筆財富創造一個安和樂利的社會。犯罪率的高漲和色情業的氾濫，以及日益嚴重的環境污染問題，不僅僅是我們經濟成長的污點，而且是我們邁向已開發國家境界的一絆腳石，豈能不管。要減輕犯罪問題的嚴重性固然要從問題本身着手處理，但更重要的是要能平衡發展國家內經濟與社會文化。如果我們還是停留在經濟掛帥的地步，那麼我們永遠談不上邁向已開發國家。這是值得大家深思的。

(本文原載於中國時報 1986.7.27)

中華民國社會福利之檢討與展望

一、前　言

最近三十幾年來，中華民國在臺灣地區的各種建設是有目共睹的事實。國民生產總額提高了，國民所得也增加了，無論是政府或民間的財富，都有顯著的累積增加。因此，常聽國人自豪地把臺灣看成是一個工業化和現代化的社會。其實嚴格地來講，工業化和現代化在學理上是有區別的。

工業化通常是指經濟制度和結構的改變以增加生產的效率。這過程牽涉到社會裏經濟結構、生產制度、消費制度、工廠制度以及工商業經營方式等的改變。例如，臺灣最早期的土地改革就是一種把傳統的農業生產方式加以改變的策略。在這計劃裏，一方面經由農民之獲取更高利潤而增加生產效率，另一方面則將地主所擁有的大量資金由土地的投資而轉移到工業用途上。中華民國過去三十幾年來所訂立的各期經建計劃，無一不是爲了提高生產效率與改變經濟結構而製訂。工業化的明顯結果是高度的經濟發展，造成了臺灣的經濟奇蹟。

現代化所牽涉的層面要比工業化來得更廣泛。它包括社會、經濟、文化、價值體系等各方面的總體改變。因此，現代化不僅是指經濟的工業化和持續成長，而且也指社會裏人們新觀念的養成、教育的普及、生活方式的理性化以及全民社會福利的普及。工業化的目標是國家財富的增加，現代化則是把這些已累積的財富合理地讓全民分享。因此，一個缺少完善社會福利制度的國家，不能算是一個眞正現代化的國家❶。

現代化國家裏實施社會福利之目的是在於補救社會發展中所發生的種種問題，也在於協助社會裏比較不幸的一羣人。社會福利學者杜高夫（Ralph Dolgoff）和費斯汀（Donald Feldstein）在他們倆人合著的《了解社會福利》（*Understanding Social Welfare*）一書中就指出社會福利工作是社會裏每一個人的責任，也是每一個人都能做到的工作。社會福利事業是針對社會病態的補救而實施的「公立或私人的非營利的社會事業」。❷

世界上沒有一個國家或社會是毫無問題的。政府的任務是在於協助推行和解決這些社會問題。社會福利事業與社會工作員相互的配合雖然不能完全消滅社會問題，但是至少它能阻止社會問題的惡化，也能給予那些社會問題的受害者幫助和補救。

現代社會的社會福利包羅萬象，所服務的範圍小自臨時性的短期金錢救濟，以至於大到全社會人民的生老病死。查士特洛（Charles Zastrow）細列下面十七項社會福利事業：

1. 爲孤兒找尋住所。
2. 爲酗酒吸毒者復健。
3. 爲心理有問題者治療。
4. 爲老年人增加生活情趣。

---

❶ 蔡文輝，〈臺灣的經濟發展與社會問題〉，《時報周刊》，一八八期（民國七十年七月五日），頁二〇～二二。

❷ Ralph Dolgoff and Donald Feldstein, *Understanding Social Welfare*. N. Y.: Harper & Row, 1980, p. 91.

5. 爲身心傷殘者提供職訓。

6. 爲貧苦者提供救濟。

7. 爲少年犯提供自新。

8. 爲解除宗教種族歧視而努力。

9. 爲職業婦女提供托兒所。

10. 扶助家庭內暴力行爲問題受害者。

11. 爲全民提供娛樂休閒服務。

12. 爲經濟上有需求者爭取健康醫療和法律利益。

13. 爲有困難者提供咨詢輔導服務。

14. 爲低能或心智不足兒童提供教育。

15. 爲受天災地變家庭提供補助。

16. 爲無謀生技能者提供職業訓練和就業機會。

17. 爲少數民族之特殊需要提供福利服務。[3]

上面這十七項社會福利工作所牽涉到的範圍相當廣。民間的力量必須配合政府的政策指導才能有效的策劃和實施社會福利工作。我們必須要清楚地明瞭社會福利工作是針對社會問題的存在而設計的，因此民間和政府的配合是必需的。美國學者芬克(Arthur E. Fink)、普法特(Jane H. Pfouts)以及達布斯登(Andrew W. Dobelstein)三人給社會福利工作提出了下面一個概念架構，解釋各部門的關聯和運作過程[4]。

---

[3] Charles Zastrow, *Introduction to Social Welfare Institutions*, Homewood, Illinois: Dorsey, 1982, p. 4.

[4] Arthur E. Fink, Jane H. Pfouts, Andrew W. Dobelstein, *The Field of Social Work*. Beverly Hills: Sage, 1985, p. 105.

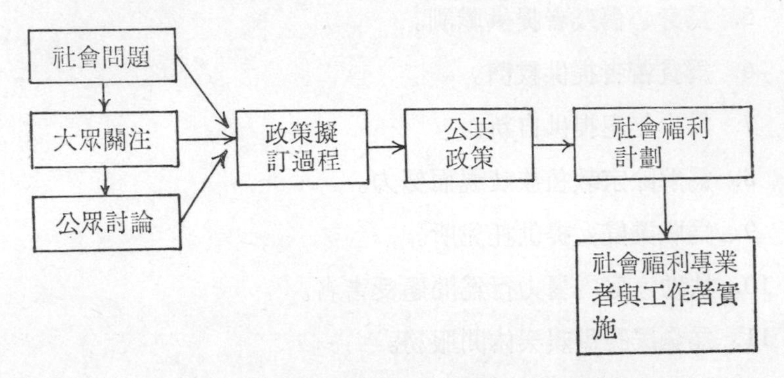

(Arthur E. Fink, Jane H. Pfouts, Andrew W. Dobelstein, *The Field of Social Work*. Beverly Hills: Sage, 1985, p. 105)

圖一：社會福利政策過程

從圖一所示之社會福利政策過程概念架構，我們大致上可以知道社會問題的存在並不一定就會造成公共或社會福利的擬訂，它必須要有社會大眾對該問題的關注與公眾的討論，才能引起決策者的注意而終至政策的擬訂和計劃的實施。中華民國在臺灣地區近年來的社會福利政策也經歷這類似的過程。

二、社會變遷與社會問題

最近三十幾年來，臺灣所經歷的改變不僅僅只是政治的趨向民主化和經濟的高度發展，而且也在人口結構、社會階層、家庭與婦女角色等各方面皆有顯著的改變。這些變遷導致了舊社會問題的惡化與新社會問題的產生。在這一節，我們將對臺灣的主要社會變遷加以簡單的描述。

（一）人口結構上的兩個重要轉變

我們認爲近三十幾年來臺灣人口結構上的最重要的轉變並不在於人口出生率與死亡率的降低，也不在於農業人口的減退或工業人口的增長。值得我們注意的應該是人口生命餘年 (life expectancy) 的延長與人口過份集中都市地區的都市化 (urbanization) 趨勢。從人口學觀點上來講，人口生命餘年可以反映一個社會生活的素質。因此，大多數的已開發現代化國家皆有高的餘年歲數，而未開發國家則相對地短。臺灣在民國四十年時，男的歲數是 53 歲，女的是 57 歲，但至民國七十四年時，男的已達 71 歲，女的更高達 76 歲左右。也就是說，在短短的三十五年間，男的壽命延長了 18 歲，女的延長了 21 歲。這成就是相當有意義的，但也因此而造成了老年人口增加後的老年問題❺。

臺灣人口結構上另一個重要轉變是人口的高度都市化。根據王維林的估計，臺灣十一大都市人口在民國二十九年至民國六十七年之間共增加了三倍以上，雖然同一時期內的人口增加不到二倍。在這十一大都市裏，以臺北市和高雄市人口最多❻。如果我們以兩萬人口爲計算單位，民國六十七年時已有四分之三的人口已居住在這樣大小的都市社區。更爲重要的是，根據行政院主計處的統計，臺灣將近三分之一 (31.34%) 人口密集在二院轄市和五省轄市地區內。因此，臺灣的人口不僅是高度都市化，而且是高度大都市化❼。但是它也造成了許多都市社會問題。例如犯罪問題、娼妓色情問題、環境污染問題、交通問題、人情淡薄問題、都市貧民問題等，皆亟需解決❽。

(二) 新中產階級的產生

❺ 蔡文輝、徐麗君，《老年社會學》。臺北：巨流。民國七十四年。頁一八五。

❻ 王維林，〈自人口學觀點看我國都市社會〉載於朱岑樓主編：《我國社會的變遷與發展》。臺北：三民。頁四一〇。

❼ 行政院主計處，〈中華民國七十四年社會指標統計〉。臺北：行政院主計處。民國七十五年。頁六。

❽ 有關臺灣社會問題之檢討，請參閱楊國樞、葉啓政主編：《當前臺灣社會問題》。臺北：巨流。民國七十三年。

近年來的經濟發展對臺灣的社會階層也有了顯著的影響。由農業轉到工業階段最明顯的是就業人口的增加和工業人口之提高。民國五十一年時就業人口大致上是佔總人口的29.8%，民國七十四年則已增至38.8%。農業人口在同時期則由 49.7% 降低至 17.6%，工業人口由 21% 增至 42.3%，服務業由 29.3% 增至 40.1%❾。類似的改變也可以在職業上看到，民國四十年時，專門性、技術性及有關人員佔總就業人口之 2.4%，到民國七十四年則已增至 6.1%。同時期內其他各種職業人口比例的增減情形是：行政及主管人員由 0.4% 增至 0.8%，監督及佐理人員由 5.7% 增至 13.6%，買賣工作人員由 10.4% 增至 13.7%，服務工作人員由 6.3% 增至 8.4%，生產及有關工人、運輸設備操作工及體力工人由 18.8% 增至 40.1%。只有農林漁牧及狩獵人員由 56.0% 降至 17.3%❿。由此可見幾個特徵：(1) 較高層職業人口比例增加，(2) 農林漁牧類職業人口之大量減少，(3) 勞工人口比率高幅度增加，工業化現象相當地明顯。

根據政府的統計資料來看，行政及主管人員的平均所得最高，民國七十四年時是二萬六千七百二十七元，最低薪資職業爲農林漁牧等有關工作人員，平均薪資是九千二百二十九元。若以所有職業來看男女薪資差別，則該年男的平均薪資是一萬三千八百七十六元，女的是九千零八十八元；男的大約是女的一倍半。從教育上來看，教育程度愈高，平均薪資愈高，在統計資料上亦很清楚⓫。

工業和服務業高階層職位之增加和各行業平均所得之增加在臺灣的

---

❾ 行政院主計處編〈中華民國七十四年社會指標統計〉。頁一四。

❿ 行政院主計處編《中華民國七十四年統計年鑑》。臺北：行政院主計處。民國七十五年。頁二八八～二八九。

⓫ 行政院主計處編〈中華民國七十四年社會指標統計〉。頁一五四。

工業化過程中乃造就了一批新的中產階級。這批中產階級大致上包括教育界、企管界、專技人員、黨政軍中級幹部以及中小商業界人士。根據許嘉猶的分析，臺灣的中產階級大約是佔全部人口的28.4%左右⑫。魏鏞的研究則發現有53%的人民在主觀上自認爲是中產階級⑬。

這批新出現的中產階級有相當程度的教育，有固定的薪資所得和收入，樂觀積極，也有時間注意到娛樂休閒活動的重要性。因此，雖然表面上，社會福利對這批中產階級並無必要，但實際上社會福利項目如休閒娛樂設施和規劃，精緻文化生活品質的提高等對他們還是有用的。而且從民間私人興辦社會福利事業的角度來看，這批人能提供社會福利所需要的人員和財力。因此，不應忽視這批中產階級成員。

（三）新家庭倫理的產生

這三十幾年間，臺灣的家庭也經歷着一些顯著的變遷。婚姻不再是父母之命、媒妁之言的宿命論的婚姻。青年男女婚前的來往約會和選擇婚姻配偶以及談戀愛已經制度化而爲社會所接受。這代表着擇偶方式的改變。另外一個改變是家庭人口數的減少。以平均每戶人口數來看，民國四十年時是 5.46 人，也就是大約平均每戶五個半人。在民國七十四年時則每戶平均人口已降低到 4.42 人，亦即少於四個半人。如果以平均每家有二至三個小孩來推測，其家庭型態似乎已不包括年老父母同居的核心家庭（nuclear family）。政府所做的調查也支持這觀點。資料顯示臺灣十五歲以上女性之理想子女數以兩個和三個小孩爲最理想。有48.56%要二個（其中絕大多數要一男一女），有27.62%要三個（其中

---

⑫ 許嘉猶，〈臺灣的社會階層〉，《中國論壇》，二四〇期（民國七十四年九月二十五日），頁四一～四六。

⑬ 魏鏞，〈向穩定、和諧、革新的道路邁進──從六次民意調查結果看政治發展趨勢〉。臺北：行政院研考會，民國七十五年。

絕大多數要二男一女)。這兩者合計佔十五歲以上女性的四分之三⑭。

臺灣家庭變遷的另外一個變遷趨勢是有偶婦女勞動力參與率的增加。根據行政院的調查,民國七十四年時,其參與率已高達 39.84%。其中以尚無子女者與有六至十七歲子女者婦女參與率幾達半數⑮。可見臺灣的雙職家庭(dual-career family)已大為增加。呂玉瑕一項對臺灣地區就業婦女及家庭主婦所做的調查發現她們一方面保留着傳統家庭觀念,以家庭為主,可是另一方面卻也很希望能積極參與社會活動和就業。她也發現小孩之有無與小孩之年齡在婦女婚後就業意願上佔有相當大的影響力⑯。

此種新式的家庭也導引出來幾個社會必須加以注意的問題:

1. 青年擇偶問題。既然年青人能夠也願意挑選伴侶,那麼如何提供他們認識相交往的機會?如何引導規矩的戀愛約會過程?該不該勸導婚前性行為?婚前懷孕的處理等問題。

2. 婦女就業問題。婦女就業前的準備工作,如職業訓練等。單獨在外地工作的職業婦女,特別是工廠女工問題。雙職家庭夫妻角色調配問題,家庭計劃問題等。

3. 年老父母扶養問題。老年人口增加,但核心家庭也普遍,如何安置老年人的問題就必須加以研討。年幼子女沒有祖父母的看顧,誰來看管?

---

⑭ 行政院主計處編中華民國七十四年社會指標統計。頁一一〇。

⑮ 前引書,頁一三八～一三九。

⑯ 呂玉瑕,〈社會變遷中臺灣婦女之事業觀〉,《中央研究院民族研究所集刊》,五〇期,頁二五～六六。

三、臺灣之社會福利事業

(一) 社會福利政策

中華民國自辛亥革命成功建立民國以來一直是以　國父孫中山先生的三民主義爲建國治國的指導原則。民生主義的目標是民享，因此國父對社會福利的指示也就成爲我國社會福利政策的指導原則。在民生主義第二講裏，　國父說:「民生主義能夠實行，社會問題才可以解決。社會問題能夠解決，人類才可以享受幸福。」⓱社會上的各種變態都是因爲民生問題沒解決的後果。民生主義的目的就是要把社會上的財源弄到平均。實行民生主義的辦法一方面要留心和救濟農民的痛苦和擡高農民地位，另一方面要提倡工業並減輕勞工階級的失業和受資本家削剝的情況。　國父以平均地權來解決農民問題和增加糧食生產，再以實業計劃來發展工業和節制資本。

國父認爲社會福利是國民應享的權利，除了均富以外，他也舉出四種人應享權利而不必盡義務:「其一，則爲未成年之人……此等人悉有享受地方教育之權利；其二，爲老年人……此等人悉有享受地方供養之權利；其三，爲殘疾之人，有享受地方供養之權利；其四，爲孕婦，於孕育期內，免一年之義務，而享有地方供養之權利。」⓲　國父的社會福利理想在他的民國元年的「社會主義之派別及方法」一篇講詞中有十分完整的表達。他指出中華民國應幼有所教、老有所養、分業操作、各得其所。在教育方面，凡爲社會之人，無論貴賤，皆可入公共學校，公

⓱ 中國國民黨中央委員會黨史委員會編，《國父全集》，第一册。臺北: 中國國民黨中央委員會。民國七十年，頁一八〇。

⓲ 前引書，第二册，頁七〇。

家共其費用。卒業以後，分送各處服務，以盡其能。在養老方面，則廣設公共養老院，收養老人，供給豐美使之愉快而終其天年。在醫療健康方面，設公共病院，以醫治之，不收醫治之費。其他如聾啞殘廢院，以濟大造之窮；公共花園，以供暇時之戲，官吏與工人，各執一業，但無尊卑貴賤之分⑲。

先總統　蔣公在他所著的「民生主義育樂兩篇補述」中更把　國父思想更進一步發揮。在兒童問題方面，必須籌劃一些主要的兒童福利事業，如：公立婦產醫院、兒童教養院、托兒所、兒童保健所。在疾病殘廢問題方面，要注意生理和心理兩方面，提高國民生活水準、普及國民衞生、普設治療機構、實行疾病保險。在鰥寡孤獨問題方面，設立游民習藝所與乞丐妓女收容所，政府應與工廠礦場合作解決這問題。在老年問題方面，主張實行養老金制度，設養老院，注意老人喪葬的妥善安排等⑳。

我國在民國四十年以前的大陸時期，由於連年戰亂，內憂外患交加，再加以國困民窮，無法在社會福利事業上有重要的成就。但是在政府遷臺以後，先有聯合國兒童基金會的財力人力支援，在兒童的健康、疾病、營養、教育以及扶助救濟方面展開福利工作。據估計在民國三十九年至民國六十一年間，聯合國運用在臺灣這方面的經費高達美金一千五百六十五萬元左右㉑。這些措施在我國於民國六十一年退出聯合國以後就中斷了。

雖然如此，在民國六十一年中華民國的經濟已經發展到起飛的地

---

⑲ 前引書，第二冊，頁二八三～二九九。

⑳ 前引書，第一冊，頁二二三～二八三。

㉑ Wen-hui Tsai and Ly-Yun Chang, "Politics, Ideology, and Social Welfare Legislation in Taiwan", *Journal of Sociology*, No. 17 (Nov. 1985), pp. 233-261.

步。政府在財政上已能負擔起更多的社會福利事業，而且爲了鞏固民心和社會穩定，政府亦積極推廣社會福利事業。表一把政府這幾十年來已正式通過的有關社會福利法案依通過年代列出，供讀者參考。

表一：重要社會福利法案年表

法案名稱	通過年次
1. 兒童福利法	民國六十二年
2. 老人福利法	民國六十九年
3. 殘障福利法	民國六十九年
4. 社會救助法	民國六十九年
5. 勞動基準法	民國七十三年

（資料來源：臺北市政府社會局編，社會福利法令彙集）

在臺灣的社會科學與人文科學者大多數都認爲民國五十年是臺灣社會變遷的轉捩點。在民國五十年左右臺灣由農業經濟階段轉變到工業經濟階段；由反共與市民文學轉進到現代與鄉土文學階段；由農業社會階段轉變到工商社會階段；由單元傳統社會轉變到多元現代社會㉒。如果我們採用這觀點，則很顯然地，臺灣的開始注意社會福利比社會的轉變期晚了十年以上，如表一所列，第一項社會福利法案：兒童福利法是在民國六十二年才通過。不僅如此，表一所列的三個主要法案：老人福利法、殘障福利法、社會救助法等皆遲至民國六十九年才通過，而工業發展中的主要人物：勞工，所需的保障法案：勞動基準法，則更是民國七十三年的事。因此，我們可以說臺灣社會福利事業實在是比臺灣社會經濟的轉變晚了二十年。單從社會福利的觀點來看，則民國六十九年才是

㉒ 有關臺灣社會變遷轉型期之討論，可參閱中國論壇編輯委員會主編〈臺灣地區社會變遷與文化發展〉。臺北：中國論壇社。民國七十四年。

轉捩點。這在表一是很明顯的事實。

政府對社會福利立法之如此晚遲的原因包括：(1) 從民國三十九年政府遷臺的最初十年，由於海峽兩岸局勢相當緊張，軍事國防爲政策之重點，無暇顧及社會福利。(2) 早期政府的經建計劃只注意到工業發展和經濟成長，一切均以經濟爲掛帥，並未注意到非經濟層面的規劃，因此兩者未能同時併進。(3) 旣使在民國五十年以後的高度經濟成長期間，政府決策者有一部份領導者認爲社會福利是賠錢的事業，會拖垮經濟發展成果。因此，積極反對。(4) 民國六十年以前，中央政府的立法和執法機構，由於剛自大陸撤退，且又心戀大陸。立法者和執法者祇想守成，得過且過，無意創新。一切等反攻大陸後再說的心態在某一批人當中相當地明顯。在臺灣只是暫時居留，因此無心也無意照顧社會內之不幸遭遇者。(5) 還有一批黨國元老則怕立法太多會動搖國民黨的統治權勢與法統問題。往往以一部憲法來抵擋新進的意見要求。他們說：「憲法上已有明文規定，不必再新立法。」

這種對社會福利立法的抗拒一直到有近幾年才有了顯着的改變。表一裏的主要社會福利法案幾乎皆是民國六十九年以後的事。究其原因可包括：(1) 政府自聯合國退出以後，外交孤立，需要穩定內部，以莊敬自強來激起民心。爲此，全民福利必須受到重視。(2) 中共在大陸的鄧小平四化運動、改革與開放政策等逼使中華民國政府不得不相應對照，經濟學臺灣，政治學臺北的口號就包括政府的妥善照顧人民福利，(3) 立法和執法機關新領導份子的出現。在立法院有草根性的增額立法委員及在行政院各部會新進的青年才俊開始發生建言的功能，灌注新觀念。(4) 政府財政的寬裕，由於外銷的成長造成外滙存底之急速膨脹，政府已有餘力照顧社會福利事業。(5) 各種社會問題因經濟的過份成長而形成嚴重的局面，都市人口過份集中和犯罪問題已到了不能不注意的地步。(6) 民眾的要求之聲浪日益增高，集體性的民眾請願運動和自救運動，再加上黨外人士之評擊，使得政府近年來不能再忽視社會問題的存在。以上這些原因都是政府近年來積極社會福利立法之主要背後推動因素。

（二）社會福利措施

社會福利立法是社會福利政策的依據。從上一節的討論裏，我們知道臺灣在這方面起步很晚。但是這並非說在民國六十九年以前就毫無社會福利的措施。根據行政院研考會的一份報告，我國在臺灣地區的社會福利工作歷年來一直在不斷地進行，而且涵蓋的層面亦相當廣泛。表二是採錄自該份報告而寫成㉓。從該表所列各項社會福利措施，我們看到政府的工作範圍包括社會保險類（如：軍人保險、勞工保險、公務人員保險、學生團體平安保險、公教人員眷屬保險、蔗農保險、退休人員保險等項目)，社會救助類（如：青少年觀護輔育、農忙托兒所、低收入兒童家庭補助、急難救助、殘障醫療復建、殘障兒童諮詢服務、低收入戶創業服務、殘障者職業重建訓練、急難貸款、老人醫療保健服務、老人乘車優待、不幸兒童家庭寄養制度、勞動基準法、老人、兒童及殘障福利法等)，其他福利性措施（如：退除役官兵就業輔導、盲聾教育、興建國民住宅、基層民生建設、一般國民就業輔導、空氣污染防治、婦幼衞生、水污染防治、啟智班教育、平民住宅、公教宿舍貸款、平價住宅、社區發展、土壤污染防治等)。

如果我們再加上最近一、二年來的有關農民保險的考慮和保護消費者利益的種種措施以及失業工人的轉業訓練輔導工作。政府在社會福利的措施可以說大致上包括了社會上的每一個階層，每一種行業，甚至於

㉓ 行政院研考會，〈我國社會福利定義與範圍之研究〉（草稿），臺北：研考會，民國七十五年。頁四〇。

可以說是惠及社會裏的每一個人。

表二：我國目前社會福利制度

福利項目	法令及主管機關	財源	保障對象	救助方式	執行成果
1.社會救助	社會救助法，內政部社會司。	社會福利基金、各級政府預算、民間捐獻。	低收入民衆及急難災害民衆。	生活扶助、醫藥補助、急難救助、災害救助。	經常生活補助約3萬戶；施醫年約門診26萬6千餘人次，住院87萬餘日次，急難救助年約4萬餘戶，救助災民視災害發生多寡而定。
2.福利服務	兒童、老人、殘障福利法及勞工福利衞生安全等有關各法。內政部社會司及勞工司。	社會福利基金、職工福利金、政府預算、民間捐獻。	兒童、老人、殘障、勞工。	收養無依貧苦民衆，改善老人、兒童、殘障、勞工福利。	收養5萬餘人。

資料來源：行政院研考會，我國社會福利定義與範圍之研究（草稿，民國七十五年，頁三六）。

可是從另一個角度來看，在缺乏社會福利法案的系統規劃裏，上表所列的各項福利措施顯得雜亂無章，看不出一套系統循序漸進的模式，顯得有頭痛醫頭，腳痛醫腳的困境。也因此，有許多福利事業早已實施了不少年之後才有正式法案的支持。這在殘障福利，兒童福利和老年福利上都先有福利措施再有法案的例子上可以明顯看出。而且也正因爲缺乏一套有系統的規劃，各種福利措施常有重疊的現象，也有脫節的現象。例如，殘障醫療復建工作在民國五十六年就已開始在做，可是對這批人的職業重建訓練計劃一直等到民國六十三年才實施，這中間就隔了七年的時間。直接減低了殘障復建的應有的效果。

這種紊亂的社會福利措施也可以在福利經費支出方面看出。雖然從表面上來看政府每年編列的社會福利支出逐年增加，如表三所列，社會福利支出在民國五十一年時只有臺幣十一億左右(新臺幣1,116,900,000元)，而到民國七十四年已高達將近臺幣九百億左右（新臺幣 89,168,901,000)，增加倍數爲八十倍左右。如果以社會福利支出占政府總支出之百分比來看，則大約增加一倍，由民國五十一年的 7.24% 增至民國七十四年的 15.44%。

因此，如果我們單以增加金額來看，似乎政府是非常的注重社會福利。但是如果從政府支出的百分比來看，所增實在不多。跟一般政務支出，教育科學文化支出或者經建及交通支出等三項相比較，社會福利支出均低於前三項㉔。行政院經建會的報告更指出，這些社會福利支出，約有 60% 用在社會保險上，其次是衞生保健和社會救助，各占 10%，福利服務占用了 10%，而社會教育、國民住宅、國民就業和社區發展等四項總和才只有 10%㉕。可見政府社會福利支出太過份集中在社會保險上，其他項目所能支配之經費相當地少。

㉔ 行政院主計處編〈中華民國七十四年社會指標統計〉。頁一二八。

㉕ 經建會綜合計劃處，〈我國現行社會福利與福利支出〉。臺北：經建會。民國七十二年。

表三：中華民國社會福利支出與政府總支出及 GNP 之比較
1962–1985

（單位：百萬元）

年	GNP	政府總支出	社會福利支出	I (%)*	II (%)**
1962	76,652	15,414.0	1,116.9	1.5	7.2
1965	111,895	22,391.3	1,699.1	1.5	7.6
1970	225,283	49,152.6	4,712.0	2.0	9.6
1975	581,150	126,435.5	12,657.4	2.2	10.0
1980	1,440,778	344,598.5	38,223.8	2.7	11.1
1985	2,398,369	563,728.6	89,168.9	3.7	15.7

* 社會福利支出與 GNP 之比率
** 社會福利支出與政府總支出之比率
資料來源：中華民國社會指標統計，歷年。

四、我國社會福利之展望

從上面的討論裏，我們不難發現我國以往社會福利之癥結所在：

第一、社會福利法案立法過程遲緩，無法眞正反映社會問題之癥結，並提供可行的解決方法。

第二、社會福利法案往往訂立於社會福利措施實行之後，因此無法發生領導和指導的功能。相反地，新法案往往成爲已實行多年的福利措施的絆脚石。

第三、由於缺乏有效法案的支持，各式各樣的社會福利措施，缺乏一個有系統的協調，不僅造成人員和財力的浪費，而且彼此牽制，妨礙計劃之推行。

第四、社會福利經費之缺乏，以及社會保險負擔太重，造成其他福利事業之無法兼顧。

第五、對各種社會福利措施實行前缺少科學性的研究分析的準備工作，實施後則更無合理的一套評估標準。以致社會福利措施牽制於政治上的風吹草動的不穩定現象。

我國社會福利之未來因此必須針對上述缺陷加以修正。社會福利必須要有整體的規劃，也必須要有長遠的計劃，才能發揮其效果。社會福利事業是非營利的事業，它雖然是一種不賺錢的工作，但卻不是賠錢的工作。因爲社會福利若辦得妥善，使社會整合力強，因此而間接的支援和推動經建發展。因此社會福利支出不是浪費的揮霍，而是經建的間接投資。

社會福利的目標旣然是以幫助社會比較不幸的一羣人，也以解決或減輕社會衝突和社會問題爲目的，則社會福利政策就必須緊緊配合社會變遷而籌劃。以我國臺灣地區近年來的社會變遷性質來看，下面幾項社會福利事業應是未來的重點：

（一）老人福利的加強

臺灣老人人口的增加是相當明顯的趨勢。根據政府的統計資料，民國七十年時，老人人口大約是總人口的百分之四點五，大約有八十萬左右人數。雖然根據行政院在民國七十一年的一項調查報告來看，大多數的老年人對目前的生活各方面滿意程度相當高[26]，但這並不就是說老年的福利不必顧慮。政府在民國六十九年通過的「老人福利法」其意雖美，可惜缺陷多，無法發揮該法案之精神。各界的批評指出其所規定的福利服務太消極，是救急的辦法，缺乏長遠性的服務，亦未蓋括老人福

[26] 行政院主計處編〈臺灣地區國民對家庭生活與社會環境意向調查報告〉。臺北：行政院主計處。民國七十一年。

利的全面。老人年齡定爲七十歲，太高，使得許多老人享受不到應得的福利。老人福利法亦未在經費上標明各級政府預算編列的比例，因此無法展開長期的規劃。另外，政府主管單位缺乏一專設機構，無法做到督導、管轄、考核、諮詢的功能[27]。今後老人福利的改進應該針對這些缺陷規劃充實。

(二) 職業婦女福利的提供

一直到目前，政府並沒有一套針對職業婦女福利的政策。也沒有做科學性的調查，爲未來的政策做評估基礎。臺灣的婦女就業率愈來愈高是已經有的事實，也是未來的現象，必須早做規劃。職業婦女福利應包括職業訓練、幼兒托養機構的成立、懷孕職業婦女健康保養問題、產前產後檢查、婦女工作環境的污染問題，以及男女同工同酬問題。另外，政府也應注意到婦女受虐待的問題。娼妓的轉業訓練更是未來不應忽視的問題。

(三) 勞工福利問題

如果說，那一種社會福利最急需？我想很多學者都會同意我的看法，是勞工福利問題。臺灣這三十年來能有今天經濟和工業的高度發展，這批血汗功勞的勞工是最大的英雄。但是由於以往的政策集中於密集廉價勞工的提供，因此工人福利未受重視。近年來，由於經濟的衰退，工人失業者多，生活更是困難。雖然最近一、二年由於出口的轉爲活潑，工人需求者多而有改善。但是我們已經不能再犧牲勞工，忽視他們的需要。另外一個必須重視勞工福利的原因是：在臺灣今日的社會裏，勞工的知識水準不差，而且比其他職業較有「階級意識」，團結力量強。由最近幾次工人集體請願的例子來看，勞工福利如果辦不好，集

---

[27] 參考，蔡文輝、徐麗君，《老年社會學》，頁一九一～一九五。

體性的請願和暴動將更層出不窮，對社會可能造成更大的傷害。勞工福利雖然包羅萬象，但是以臺灣今後的發展來看，工資的保障、勞資糾紛的調解、失業的救濟應該是三項最重要的工作，必須先有規劃。最近政府籌設勞工局是一明智的決定，但是勞工局必須要有專人負責，有權能，不然徒增一空衙門，於事無補。除此之外，工會組織的改善也是目前緊要的工作項目。

我們提出老人福利、職業婦女福利以及勞工福利爲未來我國社會福利的重要工作項目。其他如兒童福利、殘障福利、醫療衞生福利事業亦是必須重視的項目。但是這些項目對未來臺灣社會的發展較少深遠影響。

中華民國在臺灣地區毫無疑問地已建立了一個富裕的社會。今天中華民國在經濟上的成就事實上已遠超過　國父在民生主義裏所列出的要求。因此我們未來的目標應該由民富轉移到民享民樂的境界。最近總統府公報顯示：民國七十六年中央政府總預算裏，社會福利支出高達七百多億，占16.6%，排第三位，僅次於國防外交與經濟交通建設兩項。民國七十七年度更將高達約八百五十三億，占17.8%，居第二位，僅次於國防外交，而高於經建交通項目。這是可喜的現象，也反映政府在社會福利方面的重視㉘。目前我們不清楚各項社會福利經費的分配情形，但照以往偏重於退休保險支出來看，這預算大部份可能也是用來支付退休保險事業。我們希望其他項目，尤其是職業婦女和勞工福利能有更公平的分配，以利其服務工作的展開。

在本文第一節，我們曾提出一個概念架構（見230頁圖一），指出

㉘ 參閱，〈社會福利經費何處去？〉，《中國論壇》，二七六期（民國七十六年三月二十五日）頁七。中央日報之新聞報導，刊於民國七十六年三月十七日第一版。

社會福利計劃之前必須考慮到社會問題的性質與大眾關注與討論對政策擬訂的輸入作用；同時也應注意到計劃的實施工作者的應用。如果我們能前後兼顧，再加以充裕的國家財富的配合，我國未來社會福利事業將大有可為。不僅可維持社會的安寧，也可推動經濟更高層次的發展與成長。

（本文原發表於 1987 年北美中國社會科學家協會年會，巴的摩爾市舉行）

大陸社會學現況

(中國論壇訪問)

1986. 8. 25

問：我知道您最近訪問過中國大陸，對他們社會學界的發展相當瞭解。可否談談您個人對大陸社會學發展的印象？

蔡：我想先談談大陸社會學目前普遍遭遇的問題。從師資問題方面來看，中國大陸的社會學，不但面臨師資老化的困境，同時也充斥外行領導的現象。譬如說，南開大學社會系系主任就不是出身社會學，因此對許多專業性知識，往往無法充分掌握。系主任如此，系裏的師資極大部分也是如此。北大的情況稍稍好些，但師資太老的問題依然嚴重；北大社會系許多師資多出自抗戰時期的西南聯大，平均年齡可想而知。

中國大陸的社會學發展，自 1975 年開放後，大致呈現過兩個發展方向。1975 年開放初期，他們走的是美國社會學方向，邀請了許多著名美國學者到大陸訪問講學，像 Robert Merton (編按：功能理論的大師，提出著名的中程理論 Middle Range Theory)、Peter Blau (編按：交換理論 Exchange Theory 的健將) 等人都應邀前往。

但是這種邀請，成效卻不十分明顯。關鍵在於語言瞭解的問題上。美國學者用英文演講，對中國學生來說壓力太大；其次，每場演講大約兩小時，中文翻譯便佔去一半，太浪費時間；第三，負責翻譯的人多半出身外語系，英文固然不錯，但對社會學專業認識不深，翻譯難免不精確。基於這些原因，這幾年中國大陸便改爲邀請旅美華裔學者，這些學者能用中文表達，在知識傳遞上方便很多。或許是效果不壞，已經有很多華裔社會學者紛紛前往大陸講學。

從教材問題方面來看，中國大陸社會學系普遍缺乏適當用書。例如，直到 1984 年五月由「天津人民出版社」出版《社會學概論》(費孝通主編)，大陸才算有本像樣的教科書。但這本書實在不能算好，連費孝通自己都曾批評過（編按：《社會學概論》一書，本刊曾於二三九期刊登孫中興先生的書評）。由於教材實在缺乏，雖然該書屢遭批評，仍然在未經修訂下繼續再版。

中國大陸的學生曾問我對該書的意見，我說我從兩個角度來看這本書的價值。第一，是它的參考書目引用到那一年。《社會學概論》引用的新書祇到 1978 年左右，許多新書、好書都沒參考，這是它第一個缺點。其次，我看它引用的文獻出自那裏，是學術著作呢？還是政治人物的言論？結果我發現《社會學概論》引用毛澤東、華國鋒、鄧小平的話遠超過學術著作，從這點也可以判斷它的學術價值。

問： 依您這麼說，截至目前，大陸的社會學雖有開放氣候，但教條化傾向仍難擺脫？

蔡： 我想是如此，這當然跟過去的歷史教訓有關，許多中國大陸學者仍然非常謹愼的從事學術研究。譬如說，我在大陸時，一直想找本學術性的現代史，但發現許多書都祇寫到 1949 年，49年以後的歷史便不願意寫下去。一些從事現代史的大陸學者告訴我，49 年後的歷史在上課時他們敢講，但要寫出來總有顧忌，怕寫出麻煩來。同樣的情況，社會學裏一樣可見，我手裏有幾本中國大陸的社會學辭典，翻閱全書你會發現如果删掉關於馬列思想的部分，大概全書祇剩下一半。教條化傾向，恐怕還需假以時日才有淡化可能性。

問： 那麼關於中國傳統社會結構或制度方面的研究，情況是不是好些？

蔡： 我想情況也不算好。大陸的社會學目前仍以田野社會學爲主，像費孝通的社會學就是田野社會學，偏向於社會人類學，重視實地研究。他著名的三次「江村研究」（1936、1956 和 1981）基本上都是用直接觀察的方法進行研究。雖然費孝通本人的確才華高，但他的方法實在太舊。由於主流在田野社會學，因此對傳統中國社會結構的研究自然相當貧乏；也就是說，缺乏歷史社會學的研究。

問： 中國大陸對臺灣社會學的發展瞭解如何？對西方社會學理論發展瞭解又如何？

蔡： 他們對臺灣的社會學界相當熟悉，許多臺灣出版的著作在大陸都有翻印本。臺灣的社會學者如白秀雄、文崇一、葉啟政等，大陸社會學者都曾經向我提起過。

至於西方的社會學理論，以我個人經驗，大陸的社會學界對功能派理論（Functionalism Theory）比較能接受，這是我在南開大學和北大講課時得到的心得。主要原因可能和功能論是綜合性的理論、強調穩定有關，比較不具刺激性。反倒是衝突理論（Conflict Theory)，他們不能接受。這個現象與衝突理論強調人與人的關係是建立在權力的基礎上有關；尤其對照於中國大陸的政治現實，衝突理論的批判精神給予大陸的刺激遠超過功能論，大陸社會學界不願接受是可以想見的。

問： 這麼說來，中國大陸的社會學對臺灣的社會學界似乎參考價值便不高了？您站在一個學術工作者的立場，對開放大陸的學術性著作，能不能表示些意見？

蔡： 說到沒有參考價值，倒也不盡然。我們至少該知道大陸社會學界在做什麼？以未來的情勢看，中國大陸學術界遲早要擺脫教條化的束縛，如果我們能對它的現狀多加認識，或可幫助我們對它的未來發展有所瞭解。我不認為大陸的出版品一無可取，完全沒有參考價值。雖說臺灣的水準目前仍高於大陸，而大陸也的確在起步中，但瞭解他們目前在做什麼？成就如何？絕對有助於我們自我反省，對我們社會學研究的內涵也有豐富作用，例如大陸社會學重視田野研究，他們做了許多田野調查，這些調查至少可提供我們瞭解中國大陸的社會結構。

我是贊成開放大陸的學術著作，我們應該對臺灣的學術界有信心。其實今天許多臺灣的大學生和研究生素質都很高，自信心也強；他們對大陸的學術著作或許有好奇心，但祇要一經比較，水準高下自然便呈現出來。總之我們要對自已有信心。

滄海叢刊已刊行書目(八)

書名	作者	類別
文學欣賞的靈魂	劉述先	西洋文學
西洋兒童文學史	葉詠琍	西洋文學
現代藝術哲學	孫旗譯	藝術
音樂人生	黃友棣	音樂
音樂與我	趙琴	音樂
音樂伴我遊	趙琴	音樂
爐邊閒話	李抱忱	音樂
琴臺碎語	黃友棣	音樂
音樂隨筆	趙琴	音樂
樂林蓽露	黃友棣	音樂
樂谷鳴泉	黃友棣	音樂
樂韻飄香	黃友棣	音樂
樂圃長春	黃友棣	音樂
色彩基礎	何耀宗	美術
水彩技巧與創作	劉其偉	美術
繪畫隨筆	陳景容	美術
素描的技法	陳景容	美術
人體工學與安全	劉其偉	美術
立體造形基本設計	張長傑	美術
工藝材料	李鈞棫	美術
石膏工藝	李鈞棫	美術
裝飾工藝	張長傑	美術
都市計劃概論	王紀鯤	建築
建築設計方法	陳政雄	建築
建築基本畫	陳榮美 楊麗黛	建築
建築鋼屋架結構設計	王萬雄	建築
中國的建築藝術	張紹載	建築
室內環境設計	李琬琬	建築
現代工藝概論	張長傑	雕刻
藤竹工	張長傑	雕刻
戲劇藝術之發展及其原理	趙如琳譯	戲劇
戲劇編寫法	方寸	戲劇
時代的經驗	汪琪 彭家發	新聞
大眾傳播的挑戰	石永貴	新聞
書法與心理	高尚仁	心理

滄海叢刊已刊行書目(七)

書名	作者	類別
印度文學歷代名著選(上)(下)	糜文開編譯	文學
寒山子研究	陳慧劍	文學
魯迅這個人	劉心皇	文學
孟學的現代意義	王支洪	文學
比較詩學	葉維廉	比較文學
結構主義與中國文學	周英雄	比較文學
主題學研究論文集	陳鵬翔主編	比較文學
中國小說比較研究	侯健	比較文學
現象學與文學批評	鄭樹森編	比較文學
記號詩學	古添洪	比較文學
中美文學因緣	鄭樹森編	比較文學
文學因緣	鄭樹森	比較文學
比較文學理論與實踐	張漢良	比較文學
韓非子析論	謝雲飛	中國文學
陶淵明評論	李辰冬	中國文學
中國文學論叢	錢穆	中國文學
文學新論	李辰冬	中國文學
離騷九歌九章淺釋	繆天華	中國文學
苕華詞與人間詞話述評	王宗樂	中國文學
杜甫作品繫年	李辰冬	中國文學
元曲六大家	應裕康 王忠林	中國文學
詩經研讀指導	裴普賢	中國文學
迦陵談詩二集	葉嘉瑩	中國文學
莊子及其文學	黃錦鋐	中國文學
歐陽修詩本義研究	裴普賢	中國文學
清真詞研究	王支洪	中國文學
宋儒風範	董金裕	中國文學
紅樓夢的文學價值	羅盤	中國文學
四說論叢	羅盤	中國文學
中國文學鑑賞舉隅	黃慶萱 許家鶯	中國文學
牛李黨爭與唐代文學	傅錫壬	中國文學
增訂江皋集	吳俊升	中國文學
浮士德研究	李辰冬譯	西洋文學
蘇忍尼辛選集	劉安雲譯	西洋文學

滄海叢刊已刊行書目(六)

書名	作者	類別
卡薩爾斯之琴	葉石濤	文學
青囊夜燈	許振江	文學
我永遠年輕	唐文標	文學
分析文學	陳啓佑	文學
思想起	陌上塵	文學
心酸記	李喬	文學
離訣	林蒼鬱	文學
孤獨園	林蒼鬱	文學
托塔少年	林文欽編	文學
北美情逅	卜貴美	文學
女兵自傳	謝冰瑩	文學
抗戰日記	謝冰瑩	文學
我在日本	謝冰瑩	文學
給青年朋友的信(上)(下)	謝冰瑩	文學
冰瑩書柬	謝冰瑩	文學
孤寂中的廻響	洛夫	文學
火天使	趙衛民	文學
無塵的鏡子	張默	文學
大漢心聲	張起鈞	文學
回首叫雲飛起	羊令野	文學
康莊有待	向陽	文學
情愛與文學	周伯乃	文學
湍流偶拾	繆天華	文學
文學之旅	蕭傳文	文學
鼓瑟集	幼柏	文學
種子落地	葉海煙	文學
文學邊緣	周玉山	文學
大陸文藝新探	周玉山	文學
累廬聲氣集	姜超嶽	文學
實用文纂	姜超嶽	文學
林下生涯	姜超嶽	文學
材與不材之間	王邦雄	文學
人生小語(一)(二)	何秀煌	文學
兒童文學	葉詠琍	文學

滄海叢刊已刊行書目(五)

書名	作者	類別
中西文學關係研究	王潤華	文學
文開隨筆	糜文開	文學
知識之劍	陳鼎環	文學
野草詞	韋瀚章	文學
李韶歌詞集	李韶	文學
石頭的研究	戴天	文學
留不住的航渡	葉維廉	文學
三十年詩	葉維廉	文學
現代散文欣賞	鄭明娳	文學
現代文學評論	亞菁	文學
三十年代作家論	姜穆	文學
當代臺灣作家論	何欣	文學
藍天白雲集	梁容若	文學
見賢集	鄭彥棻	文學
思齊集	鄭彥棻	文學
寫作是藝術	張秀亞	文學
孟武自選文集	薩孟武	文學
小說創作論	羅盤	文學
細讀現代小說	張素貞	文學
往日旋律	幼柏	文學
城市筆記	巴斯	文學
歐羅巴的蘆笛	葉維廉	文學
一個中國的海	葉維廉	文學
山外有山	李英豪	文學
現實的探索	陳銘磻編	文學
金排附	鍾延豪	文學
放鷹	吳錦發	文學
黃巢殺人八百萬	宋澤萊	文學
燈下燈	蕭蕭	文學
陽關千唱	陳煌	文學
種籽	向陽	文學
泥土的香味	彭瑞金	文學
無緣廟	陳艷秋	文學
鄉事	林清玄	文學
余忠雄的春天	鍾鐵民	文學
吳煦斌小說集	吳煦斌	文學

滄海叢刊已刊行書目(四)

書名	作者	類別
歷史圈外	朱桂	歷史
中國人的故事	夏雨人	歷史
老臺灣	陳冠學	歷史
古史地理論叢	錢穆	歷史
秦漢史	錢穆	歷史
秦漢史論稿	刑義田	歷史
我這半生	毛振翔	歷史
三生有幸	吳相湘	傳記
弘一大師傳	陳慧劍	傳記
蘇曼殊大師新傳	劉心皇	傳記
當代佛門人物	陳慧劍	傳記
孤兒心影錄	張國柱	傳記
精忠岳飛傳	李安	傳記
八十憶雙親 師友雜憶 合刊	錢穆	傳記
困勉強狷八十年	陶百川	傳記
中國歷史精神	錢穆	史學
國史新論	錢穆	史學
與西方史家論中國史學	杜維運	史學
清代史學與史家	杜維運	史學
中國文字學	潘重規	語言
中國聲韻學	潘重規 陳紹棠	語言
文學與音律	謝雲飛	語言
還鄉夢的幻滅	賴景瑚	文學
葫蘆・再見	鄭明娳	文學
大地之歌	大地詩社	文學
青春	葉蟬貞	文學
比較文學的墾拓在臺灣	古添洪 陳慧樺 主編	文學
從比較神話到文學	古添洪 陳慧樺	文學
解構批評論集	廖炳惠	文學
牧場的情思	張媛媛	文學
萍踪憶語	賴景瑚	文學
讀書與生活	琦君	文學

滄海叢刊已刊行書目(三)

書名	作者	類別
不疑不懼	王洪鈞	教育
文化與教育	錢穆	教育
教育叢談	上官業佑	教育
印度文化十八篇	糜文開	社會
中華文化十二講	錢穆	社會
清代科舉	劉兆璸	社會
世界局勢與中國文化	錢穆	社會
國家論	薩孟武譯	社會
紅樓夢與中國舊家庭	薩孟武	社會
社會學與中國研究	蔡文輝	社會
我國社會的變遷與發展	朱岑樓主編	社會
開放的多元社會	楊國樞	社會
社會、文化和知識份子	葉啓政	社會
臺灣與美國社會問題	蔡文輝 蕭新煌 主編	社會
日本社會的結構	福武直 著 王世雄 譯	社會
三十年來我國人文及社會科學之回顧與展望		社會
財經文存	王作榮	經濟
財經時論	楊道淮	經濟
中國歷代政治得失	錢穆	政治
周禮的政治思想	周世輔 周文湘	政治
儒家政論衍義	薩孟武	政治
先秦政治思想史	梁啓超原著 賈馥茗標點	政治
當代中國與民主	周陽山	政治
中國現代軍事史	劉馥著 梅寅生譯	軍事
憲法論集	林紀東	法律
憲法論叢	鄭彥棻	法律
師友風義	鄭彥棻	歷史
黃帝	錢穆	歷史
歷史與人物	吳相湘	歷史
歷史與文化論叢	錢穆	歷史

滄海叢刊已刊行書目(二)

書名	作者	類別
語言哲學	劉福增	哲學
邏輯與設基法	劉福增	哲學
知識•邏輯•科學哲學	林正弘	哲學
中國管理哲學	曾仕强	哲學
老子的哲學	王邦雄	中國哲學
孔學漫談	余家菊	中國哲學
中庸誠的哲學	吳怡	中國哲學
哲學演講錄	吳怡	中國哲學
墨家的哲學方法	鐘友聯	中國哲學
韓非子的哲學	王邦雄	中國哲學
墨家哲學	蔡仁厚	中國哲學
知識、理性與生命	孫寶琛	中國哲學
逍遥的莊子	吳怡	中國哲學
中國哲學的生命和方法	吳怡	中國哲學
儒家與現代中國	韋政通	中國哲學
希臘哲學趣談	鄔昆如	西洋哲學
中世哲學趣談	鄔昆如	西洋哲學
近代哲學趣談	鄔昆如	西洋哲學
現代哲學趣談	鄔昆如	西洋哲學
現代哲學述評(一)	傅佩榮譯	西洋哲學
懷海德哲學	楊士毅	西洋哲學
思想的貧困	韋政通	思想
不以規矩不能成方圓	劉君燦	思想
佛學研究	周中一	佛學
佛學論著	周中一	佛學
現代佛學原理	鄭金德	佛學
禪話	周中一	佛學
天人之際	李杏邨	佛學
公案禪語	吳怡	佛學
佛教思想新論	楊惠南	佛學
禪學講話	芝峯法師譯	佛學
圓滿生命的實現 (布施波羅蜜)	陳柏達	佛學
絶對與圓融	霍韜晦	佛學
佛學研究指南	關世謙譯	佛學
當代學人談佛教	楊惠南編	佛學

滄海叢刊已刊行書目(一)

書名	作者	類別
國父道德言論類輯	陳立夫	國父遺教
中國學術思想史論叢(一)(二)(三)(四)(五)(六)(七)(八)	錢穆	國學
現代中國學術論衡	錢穆	國學
兩漢經學今古文平議	錢穆	國學
朱子學提綱	錢穆	國學
先秦諸子繫年	錢穆	國學
先秦諸子論叢	唐端正	國學
先秦諸子論叢（續篇）	唐端正	國學
儒學傳統與文化創新	黃俊傑	國學
宋代理學三書隨劄	錢穆	國學
莊子纂箋	錢穆	國學
湖上閒思錄	錢穆	哲學
人生十論	錢穆	哲學
晚學盲言	錢穆	哲學
中國百位哲學家	黎建球	哲學
西洋百位哲學家	鄔昆如	哲學
現代存在思想家	項退結	哲學
比較哲學與文化(一)(二)	吳森	哲學
文化哲學講錄(一)(二)(三)(四)	鄔昆如	哲學
哲學淺論	張康譯	哲學
哲學十大問題	鄔昆如	哲學
哲學智慧的尋求	何秀煌	哲學
哲學的智慧與歷史的聰明	何秀煌	哲學
內心悅樂之源泉	吳經熊	哲學
從西方哲學到禪佛教—「哲學與宗教」一集—	傅偉勳	哲學
批判的繼承與創造的發展—「哲學與宗教」二集—	傅偉勳	哲學
愛的哲學	蘇昌美	哲學
是與非	張身華譯	哲學